TEXT: MARGIT PROEBST

ich koch' mir was

REZEPTE FÜR 1 PERSON

FOTOGRAFIE: JANA LIEBENSTEIN

Das Rezept für den auf dem Titel abgebildeten »Lachs auf Blattspinat« finden Sie auf Seite 108 und das hier abgebildete Rezept »Tortellini mit Knoblauchsahne« auf Seite 90.

INHALT

SERVICE

ICH TU MIR WAS GUTES

Dass man vorkochen und die übrigen Portionen einfrieren kann, wussten Sie schon? Das dachten wir uns. Deshalb haben wir jede Menge frischer Rezepte zusammengestellt: einfache und edle, Klassiker und neue Ideen – alle perfekt zugeschnitten auf Genießer, die für sich selbst kochen.

Ob überzeugter Single, Solist in der Übergangsphase oder Teilzeit-Single mit Wochenend- oder Fernbeziehung – wer oft alleine isst, dem stellen sich irgendwann unweigerlich Fragen wie: Was fange ich mit einem ganzen Blumenkohl oder einer 400-Gramm-Packung Champignons aus dem Supermarkt an? Muss ich das günstige Schnitzelangebot beim Metzger links liegen lassen und ständig auf überteuerte Miniportionen zurückgreifen?
Nein, das müssen Sie nicht! Mit ein wenig Planung kommt Abwechslung auf Ihren Teller, und obendrein schonen Sie Ihren Geldbeutel.

Wir planen, Sie kochen

Damit in der Single-Küche Langeweile keine Chance hat, haben wir für ein paar der beliebtesten Grundzutaten jeweils vier bis fünf Rezepte entwickelt. Bei jedem steht ein Hinweis auf andere Gerichte, mit denen Sie den Rest des Blumenkohls (oder der Champignonpackung oder der Ananas) verbrauchen können. Natürlich listet das Register ab Seite 156 zusätzlich alle Rezepte auch nach ihren wichtigsten Zutaten auf.
Wenn Sie daher gerade bei dem Sonderangebot Paprikaschoten zugegriffen haben, schlagen Sie entweder hinten im Buch nach, was Sie alles in den nächsten Tagen damit anfangen können. Oder Sie kochen bei einem Rezept los und lassen sich von dem Verweis zum nächsten Gericht mit Paprika lotsen. So lange, bis alle Schoten verbraucht sind. Egal also, ob Sie eher der spontane Typ sind oder aber der vorausschauende, der gleich einen Speiseplan für ein paar Tage aufstellt und mit dem Großeinkauf Zeit und Geld spart: Die Sorge »Was tun mit den Resten?« haben wir Ihnen abgenommen, weil sich die Rezepte in diesem Buch bestens ergänzen. Auf Seite 14 finden Sie darüber hinaus eine Fülle von Ideen, was Sie mit einem angebrochenen Becher Sahne oder restlichen Mandelstiften anfangen können, damit die offenen Packungen in Ihrer Singleküche nicht überhandnehmen.

Das tägliche Grünbunt

Sich jeden Tag einen Salat zuzubereiten, was Ernährungsexperten empfehlen, ist Ihnen oft zu aufwendig? Zweierlei erleichtert Ihnen die gesunde Entscheidung: eine Wochenration Vinaigrette (Rezept S. 12), die das tägliche Hantieren mit Essig und Öl erspart. Und Salat und Rohkost, die, einmal in der Woche auf Vorrat gekauft, im Kühlschrank warten. Blattsalate schlagen Sie locker in eine Plastiktüte ein; Gurke, Paprikaschoten, Radieschen kommen einfach so ins Gemüsefach.

Tipp
Sie kommen nicht immer rechtzeitig zum Einkaufen? Auf den nächsten Seiten stellen wir Ihnen ein paar Lebensmittel und Gewürze vor, die sich wunderbar für einen vielseitigen Vorrat eignen. Damit sind Sie für Hungerattacken gut gerüstet. Künftig muss Ihr Imbiss um die Ecke also vielleicht öfter mal auf Sie verzichten!

Schnelles für Eilige

Fürs Kochen bleibt im Alltag oft wenig Zeit. Ab und an sind TK-Pizza oder Fertiggerichte aus der Dose ja ganz praktisch, aber auf Dauer kommt dabei der Genuss zu kurz – und die Gesundheit sowieso. Wenn es bei Ihnen mal wieder besonders schnell gehen muss, greifen Sie doch auf eines unserer

1 SALATE, SALATE
2 OBST ALS NACHSPEISE
3 ESPRESSO ZUM ABSCHLUSS

Für gesunden Genuss:

1 *Täglich ein kleiner Salat schmeckt gut, liefert wichtige Vitamine und sorgt für Wohlbefinden.*
2 *Mit einer gut gefüllten Obstschale haben Sie den Nachtisch immer in Griffweite. Ab Seite 138 finden Sie außerdem Rezepte für Desserts.*
3 *Ein Espresso zum Schluss macht aus dem Essen schon fast ein Festtagsmenü.*

12-Minuten-Rezepte für Suppen (S. 46), Nudelgerichte (S. 90), Tiefkühl-Fischfilets (S. 108) oder Schnitzel (S. 118) zurück. Die bedeuten kaum mehr Aufwand als die Fertigpackung, geben Ihnen aber das befriedigende Gefühl, sich trotz Zeitdrucks etwas wirklich Gutes gegönnt zu haben.
Und weil sich mit dem richtigen Handwerkszeug kostbare Minuten bei der Vor- und Zubereitung sparen lassen, zeigen wir auf Seite 16, welche Küchenausstattung sinnvoll ist.

Feiertagsgefühl

Wann immer Sie Zeit finden, gönnen Sie sich als Insel im Alltag ruhig ein kleines Menü. Bereiten Sie sich eine Suppe oder einen Salat als Vorspeise zu, lassen Sie sich nach dem Hauptgericht ein kleines Dessert oder ein Stück Obst schmecken und schließen Sie mit einem Espresso ab. Genuss und Freude am Essen sind schließlich kein Privileg großer Runden. Viel Spaß dabei!

IM VORRATSSCHRANK

Mehl, Zucker, Nudeln und Reis sollten Sie immer im Haus haben. Außerdem brauchen Sie Weißweinessig und zwei Sorten Öl: kalt gepresstes Olivenöl für mediterrane Gerichte und Salate sowie neutrales, hoch erhitzbares Pflanzenöl für alles Übrige.

AUS DER DOSE

Thunfisch, Mais und Tomaten tun für Salate und Nudelsaucen gute Dienste. Für Orientalisches sind Kichererbsen gefragt. Und mit Kokosmilch bereiten Sie nicht nur Currys und Suppen zu, sondern sogar feine Desserts.

TIEFGEKÜHLTES

Spinat, Erbsen, Fischfilet und Garnelen, Blätterteig, Hefeteig und Beeren – mit haltbaren Zutaten aus der Tiefkühltruhe kommen Sie nie in Verlegenheit. Achten Sie darauf, dass sie gut einzeln portionierbar sind (insbesondere Spinat).

AUS DEM KÜHLSCHRANK

Mit Schafskäse, Mozzarella und Tofu lässt sich viel Leckeres zubereiten. Tortellini oder Spätzle aus dem Kühlregal sind den getrockneten Versionen geschmacklich weit überlegen. Und der Klacks Crème fraîche oder Schuss Sahne verfeinert so manches Gericht.

FRISCHES GEMÜSE

Bei Ihrem Lieblingsgemüse können Sie gerne zur Familienpackung greifen, denn für Auberginen, Zucchini, Paprikaschoten, Blumenkohl, Pilze & Co. finden Sie hier so viele Rezepte, dass Ihrem Gaumen garantiert nicht langweilig wird.

AROMA-VOLLENDUNG

Oliven, getrocknete Tomaten und Kapern im Glas, ein Stück Parmesan, dazu eine kleine Auswahl an Nüssen und Samen – wer solche Extras griffbereit hat, verwandelt einfache Gerichte schnell in Delikatessen.

MEHR ALS SALZ IN DER SUPPE

Ohne Salz und Pfeffer wäre alles fad. Aber erst mit ein paar weiteren Gewürzen und frischen Kräutern fängt Kochen an, Spaß zu machen. Je größer die Auswahl, umso mehr Abwechslung herrscht in der Küche!

Die mediterrane Küche duftet und schmeckt nach Kräutern wie **Rosmarin, Thymian** und **Salbei.** Wer sie nicht selbst zieht und immer frisch ernten kann, kauft sie bundweise. Für ein Single-Gericht brauchen Sie allerdings jeweils nur wenige Stängel oder Zweiglein.

Was also tun mit dem Rest? Wenn Sie das Grün in den nächsten drei bis vier Tagen sicher aufbrauchen werden, schlagen Sie es einfach locker in feuchtes Küchenpapier ein und legen Sie es ins Gemüsefach des Kühlschranks. Wenn nicht, dann geben Sie den Rest gleich – gewaschen, trocken geschüttelt, geputzt und fein gehackt – in kleine Plastikdosen und frieren Sie ihn ein.

Das funktioniert auch bei **Petersilie, Schnittlauch** und **Dill,** die in vielen heimischen Rezepten zum Einsatz kommen, ganz vorzüglich. Zarte Kräuter wie **Basilikum, Koriandergrün** und **Kerbel** aber verlieren beim Einfrieren an Aroma. Sie sind nur frisch wirklich lecker.

Getrocknete Gewürze

Frische Kräuter sind natürlich nicht bei jeder Gelegenheit zur Hand. Dann haben getrocknete ihren großen Auftritt: **Getrockneter Thymian, Oregano** und gemischte **Kräuter der Provence** gehören unbedingt in Ihren Gewürzvorrat.

Mögen Sie orientalische Gerichte? Dann dürfen **Kreuzkümmel (Cumin), Koriander** und **Kurkuma** in Ihrem Gewürzsortiment nicht fehlen. Ganze Kreuzkümmel- und Koriandersamen behalten länger ihr volles Aroma. Zerstoßen Sie sie jeweils frisch im Mörser. Gemahlene Gewürze sind dafür einfacher zu handhaben. Kaufen Sie immer die kleinstmögliche Menge, füllen Sie sie in kleine Schraubgläser um und lagern Sie sie kühl und trocken. Über dem heißen Herd ist also kein geeigneter Platz, auch wenn es noch so praktisch wäre! Wirklich verderblich sind Gewürze nicht, sie verlieren aber mit der Zeit ihr Aroma und ihre Würzkraft, und darauf kommt es schließlich an. Richtig gelagert, halten die Gewürze ungefähr ein Jahr.

Zwiebel, Ingwer, Frühlingszwiebeln

Eine wichtige Geschmacksbasis vieler Gerichte ist die in Öl angebratene gehackte **Zwiebel.** Halbe Zwiebeln lassen sich allerdings nicht gut aufheben; sie bekommen einen unangenehmen Geschmack. Achten Sie deshalb darauf, möglichst kleine Zwiebeln zu kaufen (die aus Bio-Anbau haben oft das richtige golfballgroße Format). Eine feine Alternative sind Schalotten.

Frischer Ingwer – würzig-scharfe Zutat vieler Asia-Gerichte – lässt sich dagegen ganz unproblematisch aufheben: Ein Stück der saftigen Wurzel hält in einer Frischhaltetüte im Gemüsefach des Kühlschranks ca. zwei Wochen.

Eine weitere häufig gebrauchte Zutat sind **Frühlingszwiebeln.** Legen Sie das Bund einfach ins Gemüsefach des Kühlschranks und verbrauchen Sie es innerhalb von vier bis fünf Tagen.

Tipp

Zitronen- oder Limettensaft rundet viele Gerichte ab. Übrige Hälften von **Zitrusfrüchten** *lassen sich in Frischhaltefolie gewickelt vier bis fünf Tage im Kühlschrank aufbewahren. Sie können den Saft aber auch gleich auspressen und – esslöffelweise abgemessen – zu Eiswürfeln gefrieren. Die lassen sich häufig genau wie der frische Saft einsetzen, schmecken aber auch im Cocktail oder Fruchtsaft.*

1 KNOBLAUCH
2 CHILISCHOTEN
3 KRÄUTER AUS EIGENER ERNTE

Hocharomatisches Trio:

1 *Knoblauch lässt sich feiner dosieren, wenn er gehackt und in Öl konserviert wird.*
2 *Chilis unterscheiden sich je nach Sorte erheblich in ihrem Schärfegrad. Wer nicht gerne Feuer speit, sollte lieber vorsichtig abschmecken.*
3 *Für ein paar Kräutertöpfchen findet sich auf fast jeder Fensterbank noch Platz.*

Knoblauch und Chilischoten

Eine normal große **Knoblauchzehe** ist für Single-Gerichte meist schon zu viel. Hacken Sie daher gleich zwei bis drei Zehen klein, geben Sie sie in ein Schraubgläschen und bedecken Sie sie mit neutralem Öl. Im Kühlschrank hält der Knoblauch auf diese Weise ca. zehn Tage. Ein Drittel Teelöffel davon entspricht etwa der kleinen Knoblauchzehe, die in vielen Rezepten Verwendung findet.
Frische **Chilischoten** halten im Gemüsefach des Kühlschranks drei bis vier Tage. Reste können Sie aber auch gleich putzen, entkernen, fein hacken und mit Öl bedeckt in einem Gläschen ca. vier Wochen im Kühlschrank aufbewahren. Wer Chilis nur selten braucht, ist mit einem Gläschen fertig gekauftem **Sambal oelek** oder **Harissa** (asiatische beziehungsweise arabische Chilipaste) bestens bedient (beide halten im Kühlschrank ca. ein Jahr). Dosieren Sie vorsichtig, denn die Pasten sind – je nach Sorte und Hersteller unterschiedlich – ziemlich scharf.

AROMATISCHES AUF VORRAT

Gute Vinaigrette, würziges Chutney und Pesto verleihen einem Gericht oft erst das i-Tüpfelchen. Natürlich können Sie diese Produkte auch fertig kaufen. Wenn die Qualität stimmen soll, haben sie allerdings ihren Preis. Sie können sie aber zum Glück mit geringem Aufwand selbst herstellen.

VINAIGRETTE

Für 1 Woche (7 Portionen):

7 EL Weißweinessig
7 EL kalt gepresstes Olivenöl
7 EL Gemüsebrühe (Instant, zubereitet)
1 TL Salz
1/2 TL Zucker
1/2–1 TL frisch gemahlener Pfeffer
1 TL mittelscharfer Senf

Alle Zutaten in ein sauberes Schraubglas geben, gut schütteln und in den Kühlschrank stellen. Vor Gebrauch die Vinaigrette erneut kräftig aufschütteln (keine Sorge, wenn das Olivenöl in der Kälte leicht erstarrt ist) und pro Salatportion 3 EL verwenden.

Die Grundvinaigrette lässt sich bei der Verwendung beliebig abwandeln: mit gehackten Kräutern, abgeriebener Zitronenschale, einem Löffel Joghurt … Gerade im Sommer, wenn viele Salate eine mediterrane Note bekommen, können Sie den Senf auch einmal durch Tomatenmark ersetzen.

MANGOCHUTNEY

Für 1 Schraubglas (ca. 8 EL):
1 große reife Mango
1 Zwiebel
1 Stück frischer Ingwer (ca. 40 g, siehe S. 10)
1 große rote Chilischote
1 Orange
1 EL neutrales Pflanzenöl
2 EL brauner Zucker (ersatzweise weißer)
1/2 TL Salz
1 Sternanis
2 EL Weißweinessig

Die Mango schälen, das Fruchtfleisch vom Stein schneiden und ca. 1 cm groß würfeln. Die Zwiebel schälen und fein hacken. Den Ingwer schälen und fein reiben. Die Chilischoten waschen, entkernen, in feine Ringe schneiden und bis zum Gebrauch in ein Schüsselchen mit kaltem Wasser legen. Die Orange bis ins Fruchtfleisch schälen, sodass auch die Haut entfernt wird. Mit einem scharfen Messer die Orangenfilets zwischen den Trennhäutchen herausschneiden, den Saft dabei auffangen.

In einem Topf das Öl erhitzen. Zwiebel und Ingwer darin 1 Min. anbraten. Mango, Orangensaft, Chiliringe (ohne Wasser), Zucker, Salz, Sternanis und Essig unterrühren. Aufkochen und 10 Min. bei schwacher Hitze kochen lassen. Die Orangenfilets untermischen, 2 Min. erhitzen, aber nicht mehr rühren, damit sie nicht zu sehr zerfallen. Ein Schraubglas mit heißem Wasser ausspülen und umgedreht auf einem Küchentuch abtropfen lassen. Das heiße Chutney einfüllen, das Glas sofort verschließen und 5 Min. auf den Kopf stellen.

Tipp
*Haben Sie Lust, **Tomatensauce** selbst einzukochen? Auf Seite 88 finden Sie das Rezept dazu – einfach an einem ruhigen Tag vorbereiten und portionsweise einfrieren. Damit lassen sich superschnell leckere Nudelgerichte und vieles mehr zaubern – ganz ohne Geschmacksverstärker, Farbstoffe und andere unerwünschte Zusätze.*

1 VINAIGRETTE
2 MANGOCHUTNEY
3 BASILIKUMPESTO

So lange halten Ihre Vorräte:

1 *Vinaigrette hält im Kühlschrank ca. zehn Tage.*
2 *Das Mangochutney hält ca. sechs Monate. Das geöffnete Glas im Kühlschrank aufbewahren.*
3 *Pesto bleibt im Kühlschrank ca. zehn Tage perfekt frisch, danach verliert es nach und nach an Aroma. Bedecken Sie nach der Entnahme einer Portion die Oberfläche wieder vollständig mit Olivenöl!*

BASILIKUMPESTO

Für 1 Schraubglas (ca. 8 EL):
1 Bund Basilikum
1 kleine Knoblauchzehe (siehe S. 11)
3 EL Pinienkerne
4 EL Olivenöl
2 EL frisch geriebener Parmesan
Salz · Pfeffer
1 TL Zitronensaft
ca. 3 EL Olivenöl zum Bedecken

Das Basilikum waschen und trocken schütteln, die Blätter abzupfen und in ein hohes Gefäß geben. Den Knoblauch schälen, etwas zerkleinern und mit den Pinienkernen dazugeben. Das Öl hinzufügen und alles mit dem Pürierstab fein pürieren. Den Parmesan unterrühren und mit Salz, Pfeffer und Zitronensaft (Rest siehe S. 10) würzen. Alternativ alle Zutaten im Mörser zerstampfen. Das Pesto in ein sauberes Schraubglas füllen und die Oberfläche vollständig mit Olivenöl bedecken, um sie vor Sauerstoff zu schützen.

Für schnelle **Nudeln al pesto** kochen Sie eine Portion Spaghetti oder Linguine (100 g). Verrühren Sie 2 EL Pesto mit 2 EL Nudelkochwasser und mischen Sie die Sauce unter die heißen Nudeln. Nach Belieben mit frisch geriebenem Parmesan bestreuen.

ALLES AUFGEBRAUCHT!

Zu den beliebten Grundzutaten von Ananas bis Paprika finden Sie im Buch jeweils mehrere Rezepte, mit denen Sie Reste in immer neue, abwechslungsreiche Gerichte verwandeln. Doch was tun mit übriger Sahne, ein paar Nüssen oder einem halben Glas Fond?

Genügend Gefrierraum (also mehr als nur ein Drei-Sterne-Fach) zahlt sich für Singles unbedingt aus, denn viele Reste lassen sich hervorragend einfrieren – gleich passend vorportioniert und gut beschriftet. Kontrollieren Sie Ihre Vorräte regelmäßig und verbrauchen Sie sie. Um von vornherein zu vermeiden, dass Reste entstehen, folgen Sie am besten einer einfachen Regel: Brechen Sie Regeln! Oder, anders gesagt: Wandeln Sie Rezepte nach Vorratslage ab. Probieren Sie Waldfruchtmarmelade statt Preiselbeeren, Trockenaprikosen statt Cranberrys – so entstehen oft die besten neuen Kochkreationen!

Käse

Schafskäse und **Mozzarella** lassen sich gut einige Tage im Kühlschrank lagern: Den Mozzarella-Rest bedecken Sie in einem Glas mit Wasser; so hält er zwei bis drei Tage. Schafskäse bekommt in Folie gewickelt nach einigen Tage einen leicht säuerlichen Geschmack. Wenn er länger als zwei Tage durchhalten soll, geben Sie ihn mit Wasser bedeckt in eine gut schließende Plastikdose und fügen eine Prise Salz hinzu. So hält er vier bis fünf Tage. Bereits geriebenen **Parmesan** lassen Sie im Supermarkt besser liegen; er ist vom Aroma her mit frisch geriebenem nicht vergleichbar. Kaufen Sie sich ein Stück von ca. 250 g, wickeln Sie es in Butterbrot- oder Wachspapier (gibt es an der Käsetheke) und

bewahren Sie es im Käsefach des Kühlschranks auf. Wenn der Käse nach einiger Zeit schon ein bisschen trocken wird, bereiten Sie aus dem Rest doch würziges **Basilikumpesto 13** zu!

Für Aufläufe und Überbackenes verlangen die Rezepte öfter mal **geriebenen Gratinkäse.** Kaufen Sie welchen im wiederverschließbaren Beutel und frieren den Rest ein (hält zwei bis drei Monate). Bei Bedarf einfach die gewünschte Menge entnehmen.

Sahne, Quark & Co.

Milchprodukte wie **Sahne, Schmant** oder **Crème fraîche** runden viele Rezepte cremig-harmonisch ab. Für die Single-Portion brauchen Sie aber selten mehr als ein bis zwei Esslöffel davon. Wir haben bei jedem Gericht die Zutat gewählt, die am besten passt. Wenn allerdings ein Rezept Crème fraîche verlangt, Sie aber Schmant, saure Sahne oder Sahne im Kühlschrank haben, dann nehmen Sie natürlich die! Kaufen Sie möglichst Packungen mit Schraubverschluss oder fest schließenden Deckeln. Dann halten Milchprodukte eine knappe Woche im Kühlschrank. Keine Sorge, wenn sich auf Quark oder Joghurt nach einigen Tagen eine kleine Pfütze gebildet hat – das ist nur Molke. Die können Sie abgießen oder einfach wieder unterrühren. Nur bei Schimmelbefall gehören Milchprodukte unwiderruflich in den Abfall.

Fonds aus dem Glas

Welch tolle Erfindung: Konzentrierte Brühen aus Fleisch, Fisch oder Gemüse verleihen Suppen und Saucen ein herrliches Aroma. Reste von **Fonds** aus dem Glas können Sie gut einfrieren, am besten in 100-ml-Portionen (halten ca. drei Monate).

Tipp

Es haben sich verschiedene Restchen an Quark, Joghurt, saurer Sahne etc. in Ihrem Kühlschrank angesammelt? Verrühren Sie alles, würzen Sie es mit Salz, Pfeffer und frischen Kräutern und lassen Sie sich die Creme mit Pellkartoffeln oder auf frischem Vollkornbrot schmecken! **Schafskäse** *können Sie mit der Gabel zerdrücken und ebenfalls untermischen. Salzen Sie die Creme dann etwas zurückhaltender, denn der Käse ist schon sehr salzig.*

1 MILCHPRODUKTE
2 FONDS AUS DEM GLAS
3 NÜSSE UND SAMEN

Alles frisch:

1 *Reste von Sahne, Quark & Co. gehören in den Kühlschrank und halten dort eine knappe Woche.*
2 *Fonds aus dem Glas lassen sich prima einfrieren – und zur Not durch Gemüsebrühe ersetzen.*
3 *Walnüsse, Mandeln und Pinienkerne halten – kühl und dunkel gelagert – gut ein Jahr.*

Wenn Sie aber etwa nur selten Wild zubereiten, ersetzen Sie Wildfond durch Kalbs- oder Geflügelfond (die passen zu allen Fleischgerichten) oder einfach durch Gemüsebrühe. Letztere ist auch ein guter Ersatz für Gemüse- oder Fischfond.

Nüsse und Samen

Sie sind oft das i-Tüpfelchen auf einem Gericht. Es lohnt sich also, eine kleine Auswahl an **Nüssen** und **Samen** im Vorrat zu haben. Geben Sie sie in verschließbare Gläser und lagern Sie sie kühl und dunkel, dann halten sie gut ein Jahr. Aber auch hier gilt: Wandeln Sie die Rezepte ruhig nach Vorratslage ab. Statt Mandelstiften schmecken auch mal Pinienkerne. Warum sollten statt der Haselnüsse nicht auch Walnüsse passen? Keine Kürbiskerne zur Hand? Dann lassen Sie sie weg oder ersetzen Sie sie durch frische Kräuter! Betrachten Sie die Angaben in den Zutatenlisten als Vorschläge, die Sie nach Lust und Laune abwandeln können.

PFANNEN

Neben einer Pfanne normaler Größe (26–28 cm Ø) kommen in der Single-Küche häufig eine mittlere mit ca. 16 cm Ø und eine kleine mit 12 cm Ø zum Einsatz. Gute Qualität zahlt sich dabei langfristig aus.

TÖPFE

Ein kleiner Suppentopf mit 2 l Inhalt, ein Schmortopf mit ca. 15 cm Ø und eine kleine Stielkasserolle – damit sind Sie für alles gerüstet. Ach ja, gut schlie-ßende Deckel sollten sie haben!

PÜRIERSTAB

Schaumige Süppchen und feine Cremes gelingen mit dem Pürierstab perfekt. Für den kleinen Single-Haushalt ideal sind kombinierte Handrührgeräte mit Pürierstab-Aufsatz.

AUFLAUFFORM

Gratiniertes und Überbackenes aus dem Backofen bereiten Sie am besten in einer kleinen Portions-Auflaufform (ca. 14 cm Ø) zu. Achten Sie auf einen hohen Rand von mindestens 5 cm.

FRISCHHALTEBOXEN

Kaufen Sie sich gleich einen Schwung kleiner Plastikdosen mit gut schließenden Deckeln – darin halten sich viele Lebensmittel im Kühlschrank am besten.

DIES UND DAS

Universalreibe, Schneebesen, Siebe und Dosenöffner – das Standardsortiment brauchen Sie natürlich auch im Single-Haushalt. Gönnen Sie sich außerdem scharfe Messer: ein größeres für Fleisch, Fisch und Gemüse und ein kleines, spitzes für Feinarbeiten.

REZEPTE

Salate & Snacks

Leichte Hauptgerichte für warme Sommerabende, feine Vorspeisen für das Festtagsmenü oder schnelle Mittagessen fürs Büro: Unter diesen kleinen Gerichten finden Sie bestimmt das Richtige für jeden Anlass, jede Laune und jedes Wetter. Viele der Salate und Sandwiches lassen sich bestens vorbereiten und mitnehmen. Und wenn Sie Ihre Gäste mit Lachstartelette oder Schinkentäschchen erfreuen möchten – die Rezepte lassen sich genauso einfach in größeren Mengen zubereiten.

würzig-scharf

AVOCADO-PILZ-SALAT

20 Min. Zubereitung
ca. 530 kcal, 7 g EW, 51 g F, 10 g KH

1 reife kleine Avocado
2 EL Zitronensaft · 1 Tomate
120 g sehr frische weiße Champignons
2–3 Stängel Petersilie
3 EL Vinaigrette (Rezept S. 12)
1 EL Crème fraîche oder Joghurt
Salz · Zucker
Cayennepfeffer

1 Die Avocado halbieren, den Kern herauslösen, das Fruchtfleisch schälen und klein würfeln. Sofort mit dem Zitronensaft (Rest siehe S. 10) mischen, damit es nicht braun wird.

2 Die Tomate quer halbieren, entkernen und ohne Stielansatz klein würfeln. Die Champignons putzen, trocken abreiben und in dünne Scheiben schneiden.

3 Petersilie waschen und trocken schütteln, die Blätter abzupfen und fein schneiden (Tipps für Kräuter siehe S. 10).

4 Die Vinaigrette mit Crème fraîche oder Joghurt (Rest siehe S. 14) verrühren und mit Salz, Zucker und Cayennepfeffer würzen. Avocado, Tomate, Petersilie und Champignons vorsichtig unterheben.

Aufbewahrungstipp

Für diesen Salat müssen die **Champignons** *ganz frisch sein und rosige Lamellen haben. Den Rest im Gemüsefach des Kühlschranks aufbewahren und in den nächsten 3–4 Tagen für Rezepte, in denen die Pilze durchgegart werden, verwenden.*

Weitere Rezepte mit Champignons:

Asia-Suppe mit Tofu **54**
Spargel-Pilz-Tortilla **80**
Spätzle mit Pilzrahm **96**
Pilzrisotto **102**

fruchtig-frisch

CHICORÉE-ORANGEN-SALAT

15 Min. Zubereitung
ca. 215 kcal, 5 g EW, 15 g F, 10 g KH

1 EL Mandelstifte
1–2 Stauden Chicorée (ca. 200 g)
1 Orange
2 EL Vinaigrette (Rezept S. 12)

1 Die Mandelstifte in einer kleinen Pfanne gold-braun rösten, abkühlen lassen. Den Chicorée falls nötig von äußeren Blättern befreien, den Ansatz wegschneiden und die Stauden quer in ca. 2 cm breite Streifen schneiden. In einem Sieb kalt ab-brausen und gut abtropfen lassen.

2 Die Orange bis ins Fruchtfleisch schälen, sodass auch die Haut entfernt ist. Die Orangenfilets zwi-schen den Trennhäuten herausschneiden und den Saft auffangen.

3 Die Vinaigrette mit dem Orangensaft verrühren. Chicorée und Orangenfilets untermischen und die gerösteten Mandelstifte darüberstreuen.

Aufbewahrungstipp
Bewahren Sie Chicorée am besten in Papier ver-packt im dunklen Gemüsefach des Kühlschranks auf. Bei Licht werden die Spitzen grün und un-ansehnlich.

Weiteres Rezept mit Chicorée:
Chicorée mit Pinienkernen **69**

feine Vorspeise

ZIEGENKÄSESALAT MIT WALNÜSSEN

15 Min. Zubereitung · im Bild oben
ca. 350 kcal, 12 g EW, 28 g F, 12 g KH

1/4 Kopf Blattsalat (z. B. Lollo biondo)
2–3 Radicchioblätter · 4 Walnusskernhälften
50 g Ziegenweichkäse (z. B. Sainte-Maure)
3 EL Vinaigrette (Rezept S. 12) · 1 TL Honig

1 Die Salat- und Radicchioblätter ablösen, waschen, gut abtropfen lassen und in mundgerechte Stücke zerzupfen (übrigen Salat locker in eine Plastiktüte wickeln und in das Gemüsefach des Kühlschranks legen). Die Walnüsse grob hacken (Tipps für Nüsse siehe S. 15). Den Käse in drei dicke Scheiben schneiden (Rest wieder verpackt in den Kühlschrank legen – hält 4–5 Tage).

2 Die Walnüsse in einer kleinen Pfanne rösten, bis sie duften. Herausnehmen und grob hacken. Den Ziegenkäse in das warme Pfännchen geben und ca. 3 Min. erwärmen, bis er zu schmelzen beginnt.

3 Die Blattsalate auf einem Teller verteilen. Die Vinaigrette mit dem Honig verrühren und darüberträufeln. Mit den Walnussstückchen bestreuen. Den Ziegenkäse auf den Salat setzen und die Vorspeise sofort mit Baguette essen.

- -

Variante
*Wenn es **für Gäste** etwas Besonderes sein soll, verrühren Sie pro Portion 1 EL Himbeeressig mit je 1 Prise Salz und Pfeffer, 1/4 TL Dijon-Senf und 1 TL Preiselbeeren aus dem Glas und schlagen 2 EL Walnussöl unter. Wer mag, garniert den Salat mit 7–8 Himbeeren (frisch oder TK und aufgetaut).*

- -

Weitere Rezepte mit Ziegenkäse:

sommerliches Hauptgericht

GRIECHISCHER SALAT

15 Min. Zubereitung · im Bild unten
ca. 370 kcal, 12 g EW, 30 g F, 13 g KH

4–5 Blätter Romanasalat
1/3 Salatgurke · 1 Tomate
1 kleine Zwiebel (weiß oder rot) · 1 Knoblauchzehe
8–10 schwarze Oliven (Kalamata)
50 g Schafskäse
3 EL Vinaigrette (Rezept S. 12)
1/2 TL getrockneter Oregano

1 Den Salat waschen, abtropfen lassen und in mundgerechte Stücke zupfen (Reste aufbewahren: siehe links). Die Gurke schälen und in Scheiben schneiden (Rest ins Gemüsefach des Kühlschranks legen und in den nächsten Tagen für Salate, als Gurkensticks zu den Dips von S. 32 oder für die Rezepte unten verbrauchen). Die Tomate waschen und achteln, dabei Stielansatz herausschneiden. Die Zwiebel schälen und in feine Ringe schneiden.

2 Die Knoblauchzehe halbieren und die Salatschüssel damit ausreiben. Salat, Gurkenscheiben, Tomatenachtel, Zwiebelringe und Oliven in die Schüssel geben. Den Schafskäse darüberkrümeln (Tipps für den Rest siehe S. 14). Alles mit der Vinaigrette beträufeln und mit Oregano bestreuen. Dazu schmeckt Fladenbrot oder Ciabatta.

- -

Variante
*Für einen **Nizzasalat** ersetzen Sie den Schafskäse durch 1 kleine Dose Thunfisch (in Öl, 56 g Abtropfgewicht), die schwarzen durch grüne Oliven und lassen den Oregano weg.*

- -

Weitere Rezepte mit Schafskäse:

Weitere Rezepte mit Salatgurke:

herzhaft

THUNFISCHSALAT

15 Min. Zubereitung
ca. 420 kcal, 50 g EW, 17 g F, 15 g KH

1 Dose Thunfisch naturell
   (185 g Abtropfgewicht)
1 EL Zitronensaft
Pfeffer
1 1/2 Paprikaschoten
   (rot, gelb, grün gemischt)
1 kleine Zwiebel
3 EL Mais (aus der Dose)
3 EL Vinaigrette (Rezept S. 12)

1 Den Thunfisch in ein Sieb abgießen und abtropfen lassen. Mit einer Gabel zerpflücken, mit dem Zitronensaft beträufeln (Rest Zitronensaft siehe S. 10) und kräftig pfeffern.

2 Die Paprikaschoten längs halbieren, putzen, waschen und in ca. 1/2 cm große Würfel schneiden. Die Zwiebel schälen und fein hacken.

3 Thunfisch, Mais, Paprika und Zwiebel mit der Vinaigrette in eine Schüssel geben und alles gut mischen. Dazu schmeckt Vollkornbrot.

Aufbewahrungstipps
*Lassen Sie an den übrigen **Paprikahälften** Stiel und innere Trennwände dran, geben Sie sie in einen Frischhaltebeutel und bewahren Sie sie im Gemüsefach des Kühlschranks auf – Haltbarkeit: 3–4 Tage. Den Rest **Mais** in eine Plastikdose umfüllen, im Kühlschrank aufbewahren und in den nächsten 4–5 Tagen für einen Salat oder für **Paprika-Mais-Tortilla 80** verwenden.*

Weitere Rezepte mit Paprikaschoten:
Gegrillte Paprika mit Schafskäse **34**
Couscouspfanne **75**
Peperonata mit Kurkumakartoffeln **79**
Paprika-Mais-Tortilla **80**
Lammrückenfilet auf Ratatouille **128**

italienisch

TORTELLINISALAT

15 Min. Zubereitung
ca. 650 kcal, 13 g EW, 31 g F, 65 g KH

Salz
125 g Tortellini (aus dem Kühlregal;
  Füllung nach Belieben)
5–6 Kirschtomaten
3 getrocknete Tomaten (in Öl eingelegt)
2–3 Stängel Basilikum
2 EL Vinaigrette (Rezept S. 12)
1 EL Salatmayonnaise oder Joghurt
1 kleine Knoblauchzehe (siehe S. 11)
7–8 schwarze Oliven (nach Belieben)
Pfeffer

1 Wasser aufkochen, salzen und die Tortellini darin nach Packungsanweisung garen. In ein Sieb abgießen und gut abtropfen lassen.

2 Inzwischen Kirschtomaten waschen und vierteln. Die getrockneten Tomaten abtropfen lassen und fein würfeln. Das Basilikum waschen und trocken schütteln, die Blätter abstreifen und grob klein zupfen.

3 Vinaigrette, Mayonnaise oder Joghurt, Basilikum und getrocknete Tomaten verrühren. Knoblauch schälen und dazupressen. Tortellini, Kirschtomaten und nach Belieben die Oliven unterheben. Den Salat mit Salz und Pfeffer abschmecken.

- -

Weitere Rezepte mit Tortellini:
Tortellini in brodo **46**
Tortellini mit Knoblauchsahne **90**

fruchtig-scharf

HÄHNCHENSALAT MIT ANANAS

25 Min. Zubereitung
ca. 410 kcal, 31 g EW, 18 g F, 29 g KH

120 g Hähnchenbrustfilet
1/2 große rote Chilischote (siehe S. 11)
1 kleine Knoblauchzehe (siehe S. 11)
1 TL geröstetes Sesamöl
1 TL Honig
1/2 rote oder gelbe Paprikaschote
2 Frühlingszwiebeln
2 Scheiben frische Ananas (ca. 100 g)
2 TL neutrales Öl · Salz
1/2 Bund Koriandergrün
2 EL helle Sojasauce
1 EL Limetten- oder Zitronensaft

1 Hähnchenfleisch kalt abspülen, trocken tupfen und in dünne Streifen schneiden. Chili putzen, waschen, entkernen und fein schneiden. Knoblauch schälen und fein hacken. Beides mit dem Fleisch, Sesamöl und Honig mischen, durchziehen lassen.

2 Paprikahälfte putzen, waschen und in feine Streifen schneiden. Frühlingszwiebeln putzen, waschen und fein schneiden. Ananas schälen und den Strunk entfernen, das Fruchtfleisch klein würfeln.

3 1 TL Öl in einer Pfanne erhitzen und die Hähnchenstreifen darin bei mittlerer Hitze in 3–4 Min. anbraten. Salzen und etwas abkühlen lassen.

4 Koriandergrün waschen, trocken schütteln, Blätter abzupfen und hacken. Sojasauce, Limetten- oder Zitronensaft (Rest siehe S. 10) und übriges Öl verrühren. Alle Zutaten mit dem Dressing vermischen.

Tauschtipps

*Das **Sesamöl** gibt dem Fleisch ein nussiges Aroma. Wer keines im Vorrat hat, ersetzt es durch neutrales Öl oder mischt 1 TL Sesamsamen unter. Statt der Frühlingszwiebeln schmecken auch 1–2 in feine Scheiben geschnittene Stangen **Staudensellerie.***

Aufbewahrungstipps

*Beim übrigen **Ananasstück** die Schnittfläche mit Frischhaltefolie abdecken. Es hält sich im Kühlschrank 4–5 Tage.*
*Übrige **Frühlingszwiebeln** im Gemüsefach des Kühlschranks aufbewahren. Sie halten dort 4–5 Tage und verleihen vielerlei Gerichten eine frisch-würzige Zwiebelnote.*
*Übriges **Koriandergrün** in feuchtes Küchenpapier gewickelt ins Gemüsefach des Kühlschranks legen und in den nächsten 2–3 Tagen z. B. für **Asia-Suppe mit Tofu 54** oder das **Garnelencurry mit Ananas 110** aufbrauchen.*
***Hähnchenbrustfilet** hält sich gut abgedeckt im kühlsten Teil des Kühlschranks (meist unten über der Glasplatte) 2–3 Tage.*

Variante

*Für **Garnelensalat mit Ananas** ersetzen Sie das Hähnchenbrustfilet durch 4–5 Riesengarnelen (ca. 100 g; TK und aufgetaut). Die Garnelen von Schale und Darm befreien, waschen, längs halbieren, mit Chili, Knoblauch, 1 TL (Sesam-)Öl (ohne Honig) durchziehen lassen. Die Garnelen 2–3 Min. in Öl anbraten, mit Salz würzen und mit 1 EL gehackten Petersilienblättern bestreuen. Mit Dressing, Ananasstückchen, Frühlingszwiebeln und Paprikastreifen mischen.*

Weitere Rezepte mit Hähnchenbrustfilet:
Orientalische Hühnersuppe 56
Hähnchentopf mit Zucchini 60
Gefüllte Hähnchenbrust 134

Weitere Rezepte mit Paprikaschoten:
Thunfischsalat 26
Gegrillte Paprika mit Schafskäse 34
Couscouspfanne 75
Peperonata mit Kurkumakartoffeln 79
Garnelencurry mit Ananas 110
Lammrückenfilet auf Ratatouille 128

Weitere Rezepte mit Ananas:
Garnelencurry mit Ananas 110
Tomatenschnitzel mit Ananas 118
Ananas mit Mandeln 150

nussig

BLUMENKOHLSALAT

25 Min. Zubereitung · mind. 2 Std. Marinieren
ca. 335 kcal, 7 g EW, 29 g F, 10 g KH

1/3–1/2 Kopf Blumenkohl (ca. 250 g)
Salz · 3 Zitronenscheiben
2 EL Weißweinessig
2 EL Haselnussöl (ersatzweise neutrales Öl)
Pfeffer · Zucker
10–12 Haselnusskerne
   (ersatzweise Walnusskerne)

1 Die Blumenkohlröschen vom Kopf schneiden und waschen. Blumenkohl in kochendem Salzwasser mit den Zitronenscheiben (so bleibt er weiß; Rest Zitrone siehe S. 10) in 8–10 Min. bissfest kochen.

2 Essig, Öl sowie je 1 kräftige Prise Salz, Pfeffer und Zucker in einer Schüssel verrühren. Den Blumenkohl dazugeben. So viel Kochwasser dazugießen, dass die Röschen bedeckt sind. Zugedeckt mind. 2 Std. durchziehen lassen.

3 Die Haselnüsse grob hacken und in einer kleinen Pfanne bei schwacher Hitze rösten, bis sie duften. Abkühlen lassen. Den Blumenkohl aus der Marinade nehmen, abtropfen lassen und mit den Haselnüssen bestreuen.

Aufbewahrungstipp

*Der Rest **Blumenkohl** hält im Gemüsefach des Kühlschranks 4–5 Tage. Wenn Sie gleich den ganzen Kopf garen, um ihn z. B. für Suppe oder überbackenen Blumenkohl zu verwenden, können Sie den Rest abgedeckt im Kühlschrank 3–4 Tage aufheben.*

Weitere Rezepte mit Blumenkohl:

Blumenkohlsuppe **48**
Blumenkohl-Erbsen-Curry **72**
Gemüsepfanne mit Sesamtofu **74**
Überbackener Blumenkohl **82**

fein mariniert

SPARGELSALAT MIT KRESSE

30 Min. Zubereitung · mind. 2 Std. Marinieren
ca. 250 kcal, 15 g EW, 15 g F, 12 g KH

500 g weißer Spargel
Salz · Zucker
Pfeffer
3 EL Weißweinessig
1 EL neutrales Öl
1 hart gekochtes Ei
1/2 Kästchen Kresse

1 Den Spargel schälen und die Enden der Stangen abschneiden. In einem Topf, in dem die Stangen liegend Platz haben, 5 cm hoch Wasser aufkochen, je 1/2 TL Salz und Zucker hinzufügen. Den Spargel darin ca. 20 Min. bei schwacher Hitze garen.

2 In einer flachen Schüssel je 1 Prise Salz, Zucker und Pfeffer mit Essig und Öl verrühren. Den Spargel aus dem Kochwasser heben und in die Marinade legen. So viel Spargelsud darübergießen, dass alle Stangen bedeckt sind. Abkühlen und zugedeckt mind. 2 Std., besser über Nacht, durchziehen lassen.

3 Den Spargel auf einen Teller legen. Das Ei pellen und fein hacken. Die Kresse vom Beet schneiden und mit dem Ei über den Spargel streuen (den Rest Kresse mischen Sie in den nächsten Tagen unter Salat oder streuen ihn aufs Käsebrot).

Weiteres Rezept mit weißem Spargel:
Safranrisotto mit Spargel **102**

türkisch inspiriert

AUBERGINENCREME

35 Min. Zubereitung · Bild oben
ca. 220 kcal, 2 g EW, 20 g F, 8 g KH

1/2 Aubergine (ca. 150 g) · Salz
1 kleine Knoblauchzehe (siehe S. 11)
2 EL Olivenöl
1/2 Bund Petersilie
1–2 EL Zitronensaft · Pfeffer
Backpapier für das Blech

1 Die Aubergine in 1/2 cm dicke Scheiben schneiden, salzen und 10 Min. Wasser ziehen lassen (Rest hält im Gemüsefach 2–3 Tage). Backofen auf 200° (Umluft 180°) vorheizen, ein Blech mit Backpapier belegen. Knoblauch schälen und zum Öl pressen.

2 Die Auberginenscheiben ausdrücken und trocken tupfen, dann auf dem Backblech verteilen und mit Knoblauchöl einpinseln. Im heißen Backofen von jeder Seite ca. 5 Min. backen. Herausnehmen und lauwarm abkühlen lassen.

3 Die Petersilie waschen und trocken schütteln, die Blätter hacken. Die Auberginen sehr fein hacken oder mit dem Pürierstab mittelfein pürieren, mit Zitronensaft (Rest siehe S. 10), Pfeffer, Salz und Petersilie würzen. Dazu schmecken Tomatenachtel und Fladenbrot.

Weitere Rezepte mit Auberginen:

nussig

TOFUCREME

15 Min. Zubereitung · Bild unten links
ca. 235 kcal, 16 g EW, 16 g F, 7 g KH

2 EL Kürbiskerne
100 g schnittfester Tofu
3 EL Joghurt
Salz · Pfeffer

1 Kürbiskerne in einer kleinen Pfanne bei schwacher Hitze rösten, bis sie duften. Abkühlen lassen.

2 Tofu (der Rest hält in einer Plastikdose mit frischem Wasser ca. 3 Tage) mit Joghurt und Kürbiskernen in einem hohen Gefäß mit dem Pürierstab grob pürieren. Mit Salz und Pfeffer abschmecken. Die Tofu-Creme schmeckt toll auf Vollkornbrot zu Salat.

Weitere Rezepte mit Tofu:

orientalisch

KICHERERBSENCREME

10 Min. Zubereitung · Bild unten rechts
ca. 400 kcal, 9 g EW, 29 g F, 26 g KH

1/2 Dose Kichererbsen (120 g)
1 kleine Knoblauchzehe (siehe S. 11)
2 EL Zitronensaft
1 EL Tahina (Sesammus aus dem Glas,
  ersatzweise 2 EL Crème fraîche)
1 TL gemahlener Kreuzkümmel (Cumin)
2 EL Olivenöl
Salz · Cayennepfeffer

1 Die Kichererbsen in einem Sieb abtropfen lassen und in ein hohes Gefäß geben (Rest in eine Plastikdose umfüllen; hält im Kühlschrank ca. 4 Tage).

2 Knoblauch schälen und mit Zitronensaft (Rest siehe S. 10), Tahina, Kreuzkümmel, Olivenöl und 3–4 EL kaltem Wasser zu den Kichererbsen geben.

3 Mit dem Pürierstab fein pürieren, mit Salz und Cayennepfeffer abschmecken. Mit Gurkenscheiben, Oliven und Fladenbrot essen.

Weitere Rezepte mit Kichererbsen:

Cremig, würzig und zum Reinsetzen gut – diese drei Dips veredeln schlichte Gemüsesticks zur unwiderstehlichen Nascherei.

für laue Sommerabende

GEGRILLTE PAPRIKA MIT SCHAFSKÄSE

25 Min. Zubereitung
ca. 380 kcal, 10 g EW, 31 g F, 11 g KH

2 große rote Paprikaschoten
Salz · Pfeffer
1 EL Zitronensaft
2 EL Olivenöl
2 getrocknete Tomaten (in Öl eingelegt)
40 g Schafskäse
1/2 TL getrockneter Oregano
Backpapier für das Blech

1 Den Ofen auf 220° vorheizen und ein Blech mit Backpapier belegen. Die Paprikaschoten waschen und auf das Blech legen. Den Backofengrill zuschalten und die Paprikaschoten im heißen Backofen (oben) in 10–12 Min. von allen Seiten grillen, bis die Haut schwarze Blasen wirft. Dann die Schoten herausnehmen und mit einem feuchten Küchentuch abdecken, bis sie so weit abgekühlt sind, dass man sie anfassen kann.

2 Die Stiele aus den Paprikaschoten ziehen und die Kerne aus dem Inneren entfernen. Die Schoten häuten und in mundgerechte Streifen schneiden. Auf einem Teller verteilen, leicht salzen (nicht zu viel; der Schafskäse ist auch salzig) und pfeffern. Mit dem Zitronensaft (Rest siehe S. 10) und dem Olivenöl beträufeln.

3 Die Tomaten abtropfen lassen und fein hacken. Den Schafskäse zerkrümeln, mit Tomaten und Oregano verkneten und über die Paprikaschoten streuen (der Rest Schafskäse hält, in einer Plastikdose mit Salzwasser bedeckt, im Kühlschrank 4–5 Tage). Dazu schmeckt am besten knuspriges Ciabatta oder Baguette.

Tauschtipps

*Wenn Sie keine **getrockneten Tomaten** im Vorrat haben, können Sie stattdessen auch eine kleine Knoblauchzehe und die Blätter von 2–3 Stängeln Petersilie verwenden. Beides klein hacken und über die Paprikastreifen streuen, den Schafskäse pur darüberkrümeln.*
*Sie haben noch gelbe **Paprikaschoten** übrig? Nur zu, die schmecken genauso gut. Grüne allerdings eignen sich nicht so gut zum Grillen, sie haben wenig Aroma und lassen sich schlecht häuten.*

Variante

*Wenn Sie mehr als 2 Paprikaschoten übrig haben, dann grillen Sie gleich die doppelte Menge und bereiten Sie aus dem Rest diese feine **Paprika-Walnuss-Creme** zu: 2 gegrillte Paprikaschoten wie beschrieben häuten und klein schneiden. 1 Knoblauchzehe schälen. Mit 50 g Walnusskernen in ein hohes Gefäß geben. 2 EL Olivenöl, 2 EL Zitronensaft und 1/4 TL Harissa (Chilipaste, siehe S. 11) dazugeben. Mit dem Pürierstab fein pürieren und mit Salz und evtl. weiterer Harissa würzig abschmecken. Die Creme hält in einem Schraubglas im Kühlschrank ca. 1 Woche und schmeckt toll als Brotaufstrich (pur oder als Unterlage für Käse) oder als Dip zu Fladenbrot und Gemüsesticks.*

Weitere Rezepte mit Paprikaschoten:

Thunfischsalat **26**
Peperonata mit Kurkumakartoffeln **79**
Paprika-Mais-Tortilla **80**
Lammrückenfilet auf Ratatouille **128**

Weitere Rezepte mit Schafskäse:

Griechischer Salat **24**
Spinattäschchen mit Schafskäse **37**
Zucchini-Schafskäse-Pfannkuchen **76**

gästetauglich

SCHINKENTÄSCHCHEN MIT TOMATEN

20 Min. Zubereitung · 25 Min. Backen
ca. 750 kcal, 35 g EW, 50 g F, 33 g KH

2 quadratische Scheiben TK-Blätterteig (90 g)
3 Scheiben luftgetrockneter Schinken
  (z. B. Parma oder Serrano, ca. 40 g)
3 getrocknete Tomaten (in Öl eingelegt)
1/2 Kugel Mozzarella (62 g)
1/2 Bund Rucola
1 Stück Parmesan (ca. 20 g)
2 TL Pinienkerne (nach Belieben)
Salz · Pfeffer
1 EL Milch
2 Prisen getrockneter Thymian
Backpapier für das Blech

1 Die Blätterteigscheiben nebeneinander auf der Arbeitsfläche auftauen lassen. Den Backofen auf 200° vorheizen (Umluft nicht empfehlenswert), ein Blech mit Backpapier belegen.

2 Für die Füllung den Schinken in Stücke zupfen. Die Tomaten abtropfen lassen und in Streifen schneiden. Den Mozzarella abtropfen lassen und in 1/2 cm große Würfel schneiden.

3 Rucola waschen und trocken schütteln, grobe Stängel entfernen und die Blätter kleiner zupfen. Den Parmesan grob reiben.

4 Schinken, Tomaten, Mozzarella, Rucola und Parmesan in einer Schüssel mit den Pinienkernen mischen (falls verwendet), salzen und pfeffern.

5 Die Füllung auf die Teigquadrate verteilen (**Bild 1**) und den Teig darüber diagonal zusammenklappen (**Bild 2**), sodass Dreiecke entstehen. Die Ränder mit einer Gabel zusammendrücken, damit die Füllung nicht herausquellen kann (**Bild 3**).

6 Täschchen mit etwas Abstand aufs Blech legen, mit Milch bestreichen und mit Thymian bestreuen. Im heißen Ofen (Mitte) 25 Min. backen. Lauwarm mit einem Salat oder kalt als Snack genießen.

Unter der knusprigen
Blätterteighülle verbirgt
sich ein würziges innen-
leben — genau das Richtige
für Ihren Feierabend-Snack.

Aufbewahrungstipps

*Restlichen **Schinken** können Sie als Brotbelag oder als feine Vorspeise mit Melone verbrauchen. Er hält im Kühlschrank 3–4 Tage. Legen Sie den Rest **Rucola,** in feuchtes Küchenpapier gewickelt, ins Gemüsefach des Kühlschranks und verbrauchen Sie ihn in den nächsten 2–3 Tagen für Salat. Tipps für **Mozzarella** und **Parmesan** finden Sie auf Seite 14.*

Variante

*Für **Spinattäschchen mit Schafskäse** 1/4 Packung TK-Blattspinat (112 g) auftauen lassen. 2 Frühlingszwiebeln putzen, waschen und fein schneiden. 40 g Schafskäse fein zerkrümeln. Den Spinat gut ausdrücken und klein schneiden. Mit Frühlingszwiebeln und Schafskäse vermengen, mit reichlich Pfeffer und wenig Salz würzen. Blätterteigecken damit füllen, gut verschließen, mit Milch bestreichen, mit getrocknetem Oregano bestreuen.*

preiswert

FLAMMKUCHEN

10 Min. Zubereitung · 30 Min. Gehen
12 Min. Backen · im Bild unten
ca. 470 kcal, 11 g EW, 22 g F, 57 g KH

1 Scheibe TK-Hefeteig (112 g)
1–2 TL saure Sahne oder Crème fraîche
1 EL Speckwürfel (ca. 25 g)
Pfeffer · 1 Frühlingszwiebel
Mehl für die Arbeitsfläche
Backpapier für das Blech

1 Hefeteig auftauen lassen, 1 Min. durchkneten und 30 Min. bei Zimmertemperatur gehen lassen.

2 Backofen auf 220° (Umluft 200°) vorheizen, ein Blech mit Backpapier belegen. Den Teig auf der bemehlten Arbeitsfläche zu einem ovalen Fladen von 20 cm Länge ausrollen. Auf das Blech legen.

3 Den Teig mit saurer Sahne oder Crème fraîche (Rest siehe S. 14) bestreichen, dabei ca. 2 cm Rand frei lassen. Die Speckwürfel (Rest einfrieren, hält sich ca. 2 Monate) darauf verteilen, etwas Pfeffer darübermahlen. Im heißen Backofen (Mitte) in 10–12 Min. knusprig backen.

4 Inzwischen die Frühlingszwiebel putzen, waschen und sehr fein schneiden. Den fertigen Flammkuchen damit bestreuen und warm essen.

Variante
*Für **Zwiebelfladen mit Ziegenkäse** 6 schwarze Oliven ohne Stein mit 1 TL Kapern und 1 kleinen Knoblauchzehe fein hacken, mit 1 TL Olivenöl verrühren und den Teigfladen damit bestreichen. 1 kleine, in Ringe geschnittene rote Zwiebel und 30 g Ziegenfrischkäse in Flöckchen darauf verteilen. Mit je 1 Prise Salz, Pfeffer und getrocknetem Thymian bestreuen, mit 2 TL Olivenöl beträufeln und bei 220° (Mitte, Umluft 200°) 10–12 Min. backen.*

Weitere Rezepte mit TK-Hefeteig:
siehe rechts

Feines für Gäste

LACHSTARTELETTE

15 Min. Zubereitung · 30 Min. Gehen
25 Min. Backen · im Bild oben
ca. 570 kcal, 38 g EW, 16 g F, 50 g KH

1/2 Scheibe TK-Hefeteig (56 g)
1 TK-Lachsfilet (125 g)
1 Frühlingszwiebel
1 Ei · 1 EL Crème fraîche
Salz · Pfeffer
1 EL TK-Erbsen
Mehl für die Arbeitsfläche
Tartelette- oder Auflaufform (14 cm Ø)

1 Mit einem schweren Messer 1/2 Scheibe Hefeteig abschneiden und auftauen lassen (Rest wieder einfrieren). 1 Min. mit warmen Händen durchkneten, 30 Min. zugedeckt bei Zimmertemperatur gehen lassen. Das Lachsfilet antauen lassen.

2 Den Backofen auf 220° vorheizen. Den Teig auf der bemehlten Arbeitsfläche etwas größer als die Form ausrollen, die Form damit auslegen und einen ca. 1 cm hohen Rand hochziehen.

3 Lachs in Würfel schneiden und in die Form geben. Frühlingszwiebel putzen, waschen und fein schneiden. Ei und Crème fraîche (Rest siehe S. 14) verquirlen, kräftig salzen und pfeffern. Frühlingszwiebel und (unaufgetaute) Erbsen unterrühren, gleichmäßig über den Lachs gießen. In den heißen Ofen schieben (Mitte, Umluft 200°) und ca. 25 Min. backen. Schmeckt warm oder abgekühlt.

Weitere Rezepte mit TK-Lachs:
Lachslasagne **92**
Lachs auf Blattspinat **108**

Weitere Rezepte mit TK-Erbsen:
Erbsencremesuppe **46**
Blumenkohl-Erbsen-Curry **72**

Weitere Rezepte mit TK-Hefeteig:
Flammkuchen **38**
Zimt- und Mohnschnecken **146**

herzhaft

SCHNITZELSANDWICH

10 Min. Zubereitung · Bild oben
ca. 315 kcal, 28 g EW, 12 g F, 23 g KH

1 kleines Putenschnitzel (ca. 100 g)
Salz · Pfeffer · 1 TL neutrales Öl
1–2 Salatblätter
1 Baguettebrötchen
1/2 EL Salatmayonnaise
1 TL mittelscharfer Senf
   (wahlweise Preiselbeeren aus dem Glas)

1 Das Schnitzel trocken tupfen, salzen und pfeffern. Im Öl von jeder Seite 2 Min. braten, dann abkühlen lassen. Die Salatblätter waschen (Rest Salat locker in eine Plastiktüte einschlagen und im Gemüsefach des Kühlschranks lagern).

2 Das Baguettebrötchen aufschneiden. Mayonnaise mit Senf oder Preiselbeeren verrühren und beide Hälften damit bestreichen. Untere Hälfte mit Salat und Schnitzel belegen, die obere daraufflegen.

luxuriös

GARNELENSANDWICH

10 Min. Zubereitung · Bild unten links
ca. 225 kcal, 9 g EW, 7 g F, 31 g KH

3 TK-Riesengarnelen (ca. 60 g, aufgetaut)
1 TL neutrales Öl
Salz · Cayennepfeffer
1 Stück Salatgurke (ca. 4 cm)
1 Baguettebrötchen
1 EL Mangochutney (Rezept S. 12
   oder fertig gekauft)

1 Riesengarnelen schälen, längs halbieren (dabei den Darmfaden entfernen), waschen und trocken tupfen. Das Öl in einer kleinen Pfanne erhitzen und die Garnelen darin 2–3 Min. braten, mit Salz und Cayennepfeffer würzen.

2 Salatgurke waschen oder schälen und in dünne Scheiben schneiden (Rest ins Gemüsefach legen,

hält ca. 3 Tage). Das Brötchen aufschneiden, beide Hälften mit Mangochutney bestreichen. Die untere Hälfte mit Gurkenscheiben und Garnelen belegen, mit der oberen abdecken.

Weitere Rezepte mit Salatgurke:
Fisch mit Gurkensauce 108

Weitere Rezepte mit Riesengarnelen:
Garnelensalat mit Ananas 28
Brasilianischer Fischtopf 58
Garnelencurry mit Ananas 110

italienisch

CAPRESE-SANDWICH

5 Min. Zubereitung · Bild unten rechts
ca. 330 kcal, 17 g EW, 17 g F, 26 g KH

1 Tomate
1/2 Kugel Mozzarella (62 g)
1 Baguettebrötchen
1 EL Basilikumpesto (Rezept S. 13
   oder fertig gekauft)
Salz · Pfeffer

1 Die Tomate waschen und vom Stielansatz befreien. Das Fruchtfleisch in Scheiben schneiden und auf Küchenpapier abtropfen lassen. Den Mozzarella trocken tupfen und ebenfalls in Scheiben schneiden (Rest in einem Schraubglas mit Wasser bedecken; hält im Kühlschrank 2–3 Tage).

2 Das Baguettebrötchen aufschneiden und beide Hälften mit Pesto bestreichen. Die untere Hälfte im Wechsel mit Tomaten- und Mozzarellascheiben belegen, leicht salzen und pfeffern und mit der oberen Hälfte abdecken.

Weitere Rezepte mit Mozzarella:
Schinkentäschchen mit Tomaten 36
Auberginen-Parmigiana 84
Lasagne 92
Spaghetti mit Hackklößchen 116
Putenröllchen 124

Schnell vorbereitet, gut mitzunehmen, lecker gefüllt: Sandwiches sind das ideale Büro-Mittagessen. Einziger Nachteil: Der Neid der Kollegen ist Ihnen sicher …

Suppen & Eintöpfe

Feine Einstimmung auf das Hauptgericht, schnelles Abendessen, Seelenwärmer an kalten Tagen: Kaum etwas ist so unschlagbar vielseitig wie Suppen. Außerdem bedeuten die meisten kaum Aufwand – sind die Zutaten erst einmal im Topf, köcheln sie ganz von selbst ihrer Vollendung entgegen. Und falls es einmal superschnell gehen muss, finden Sie auf Seite 46 drei echte Blitzrezepte.

italienisch leicht

MINESTRONE

25 Min. Zubereitung
ca. 325 kcal, 12 g EW, 18 g F, 27 g KH

250 g verschiedene Gemüsesorten
(z. B. Möhren, Zucchini, Lauch, Fenchel)
1 kleine Zwiebel
1 Knoblauchzehe
3 TL Olivenöl
1 TL Tomatenmark
300 ml Gemüsebrühe (Instant)
50 g TK-Erbsen
1 Scheibe altbackenes Weißbrot
1 Stängel frisches Basilikum
1 EL frisch geriebener Parmesan

1 Das Gemüse putzen, waschen und in mundgerechte Stücke schneiden. Die Zwiebel schälen und in Spalten schneiden. Den Knoblauch schälen und längs halbieren, eine Hälfte für das Brot beiseitelegen, den Rest fein hacken.

2 In einem Topf 2 TL Olivenöl erhitzen. Zwiebel und gehackten Knoblauch darin bei mittlerer Hitze 1 Min. anbraten. Das Tomatenmark dazugeben und 1 Min. unter Rühren mitbraten. Mit der Brühe ablöschen und aufkochen lassen. Gemüse und (unaufgetaute) Erbsen dazugeben, aufkochen und ca. 15 Min. köcheln lassen, bis das Gemüse gar ist.

3 Das Brot goldbraun toasten (oder bei 200° im Backofen auf dem Blech rösten). Mit der übrigen Knoblauchhälfte einreiben und das übrige Öl darüberträufeln.

4 Das Basilikum waschen und trocken schütteln, die Blätter abzupfen, fein schneiden und unter die Minestrone rühren. Die Suppe in eine Schale füllen und den geriebenen Parmesan (siehe Tipp S. 14) darüberstreuen. Das Knoblauchbrot dazu essen.

Varianten

*Für Minestrone können Sie alle **Gemüsesorten** verwenden, die Ihr Kühlschrank hergibt – fabelhafte Resteverwertung all'italiana!*
*Statt Tomatenmark können Sie auch 1 vollreife **Tomate** überbrühen, häuten, entkernen, den Stielansatz entfernen und das Fruchtfleisch fein gewürfelt mit dem Gemüse zur Suppe geben.*
*Sie haben **Basilikumpesto** im Vorrat? Dann lassen Sie das frische Basilikum und den geriebenen Parmesan weg und krönen Sie die Suppe stattdessen mit 1 TL Pesto.*
*In eine klassische Minestrone passen auch **weiße Bohnen**: Wenn Sie die mögen, ergänzen Sie statt der TK-Erbsen 2–3 EL aus einer kleinen Dose (ca. 60 g Abtropfgewicht). Den Rest der Bohnen wiederum verarbeiten Sie nach dem Rezept für **Kichererbsencreme 32** zu würziger Bohnenpaste.*

Weitere Rezepte mit TK-Erbsen:

gelingt leicht

TORTELLINI IN BRODO

12 Min. Zubereitung · Bild oben
ca. 405 kcal, 19 g EW, 6 g F, 63 g KH

125 g Tortellini (Kühlregal, beliebige Füllung)
Salz · 250 ml Fleischbrühe (Instant)
1 Frühlingszwiebel
1 kleine Tomate

1 Tortellini in reichlich Salzwasser nach Packungs-anweisung garen, abgießen und abtropfen lassen.

2 Inzwischen in einem zweiten Topf die Brühe erhitzen. Frühlingszwiebel putzen, waschen und sehr fein schneiden. Tomate waschen, quer halbie-ren, entkernen und ohne Stielansatz fein würfeln. Tortellini in einer Schale mit der Brühe begießen und mit Frühlingszwiebel und Tomate bestreuen.

- -

Weitere Rezepte mit Tortellini:

Tortellinisalat **27**
Tortellini mit Knoblauchsahne **90**

schnell gemacht

ERBSENCREMESUPPE

12 Min. Zubereitung · Bild unten links
ca. 410 kcal, 24 g EW, 19 g F, 32 g KH

200 g TK-Erbsen
1 kleine Zwiebel
1 EL neutrales Öl
Salz · Zucker
250 ml Gemüsebrühe (Instant)
1 EL Crème fraîche
Pfeffer · 1–2 TL Zitronensaft
1 Scheibe gekochter Schinken (nach Belieben)

1 Die Erbsen antauen lassen. Die Zwiebel schälen und fein hacken. Das Öl in einem Topf erhitzen. Die Zwiebel darin 1 Min. anbraten. Erbsen und je 1 Prise Salz und Zucker hinzufügen. 2 Min. unter Rühren braten. Mit der Gemüsebrühe ablöschen, alles aufkochen und 5 Min. kochen lassen.

2 Die Crème fraîche unterrühren (Rest siehe S. 14). Die Suppe mit dem Pürierstab pürieren und mit Salz, Pfeffer und Zitronensaft abschmecken (Rest Zitronensaft siehe S. 10). Den Schinken (falls verwendet) in Streifen schneiden und die Suppe damit garnieren.

- -

Weitere Rezepte mit TK-Erbsen:

Minestrone **44**
Blumenkohl-Erbsen-Curry **72**

asiatisch inspiriert

TOMATEN-KOKOS-SUPPE

12 Min. Zubereitung · Bild unten rechts
ca. 575 kcal, 9 g EW, 51 g F, 19 g KH

1/2 Packung Tomatenpüree (185 g)
200 ml Kokosmilch (Dose oder Packung)
1 TL rote Thai-Currypaste (Asienladen)
1 EL Mangochutney (Rezept S. 12
*   oder fertig gekauft)*
Salz · 1 EL Limetten- oder Zitronensaft
1 EL gesalzene, geröstete Erdnüsse
*   (nach Belieben)*

1 Tomatenpüree und Kokosmilch (Dose vorher schütteln) in einem Topf aufkochen lassen (Reste von beidem einfrieren oder im sauberen Schraub-glas ca. 1 Woche lang im Kühlschrank aufbewahren; Tomatenpüree als Saucenbasis für Nudelgerichte verwenden). Currypaste und Mangochutney ein-rühren und alles 2–3 Min. sprudelnd kochen lassen.

2 Mit Salz und Limetten- oder Zitronensaft (Rest siehe S. 10) abschmecken. Die Erdnüsse (falls ver-wendet) grob hacken und vor dem Essen über die Suppe streuen.

- -

Weitere Rezepte mit Kokosmilch:

Brasilianischer Fischtopf **58**
Tofucurry **73**
Kokos-Panna-cotta mit Mango **152**

Gerade einmal zwölf Minuten müssen Sie für diese Rezepte aufwenden – und schon steht eine Schale dampfendes Suppenglück auf dem Tisch.

kräuterwürzig

BLUMENKOHLSUPPE

25 Min. Zubereitung
ca. 205 kcal, 7 g EW, 12 g F, 7 g KH

1/3–1/2 Kopf Blumenkohl (ca. 250 g)
Salz · 1 Kartoffel (ca. 100 g, siehe Tipp S. 52)
3 Stängel Petersilie
1 kleine Knoblauchzehe
  (nach Belieben, siehe S. 11)
1 EL Olivenöl
1 EL geriebener Parmesan
1 EL Zitronensaft
Pfeffer

1 Den Blumenkohl (Rest hält im Kühlschrank ca. 4 Tage) in Röschen teilen und waschen. 300 ml Wasser aufkochen. 1 kräftige Prise Salz und den Blumenkohl hineingeben. Die Kartoffel schälen und dazureiben. Alles in ca. 10 Min. weich kochen.

2 Inzwischen die Petersilie waschen und trocken schütteln, die Blätter abzupfen (Rest siehe S. 10).

Die Knoblauchzehe (falls verwendet) schälen und beides zusammen sehr fein hacken. Öl und Parmesan (Restetipp siehe S. 14) unterrühren.

3 3–4 Blumenkohlröschen aus der Suppe nehmen, den Rest fein pürieren und mit dem Zitronensaft (Rest siehe S. 10) sowie Salz und Pfeffer würzen.

4 Die Suppe in einen tiefen Teller geben und mit den restlichen Blumenkohlröschen und der Petersilien-Mischung garnieren.

Variante
*Haben Sie **Basilikumpesto 13** im Vorrat? Dann versuchen Sie die Suppe einmal damit statt mit der Petersilien-Mischung!*

Weitere Rezepte mit Blumenkohl:
Blumenkohlsalat **30**
Blumenkohl-Erbsen-Curry **72**
Gemüsepfanne mit Sesamtofu **74**
Überbackener Blumenkohl **82**

fruchtig

MÖHREN-ORANGEN-SUPPE

20 Min. Zubereitung
ca. 185 kcal, 3 g EW, 11 g F, 18 g KH

2 Möhren (ca. 200 g)
1 kleine Zwiebel · 1 EL neutrales Öl
3 grüne Kardamomkapseln
Saft von 1–2 Orangen (100 ml)
200 ml Gemüsebrühe (Instant)
Salz · Cayennepfeffer

1 Die Möhren schälen und in Scheiben schneiden. Die Zwiebel schälen und fein hacken. Das Öl in einem Topf erhitzen. Die Kardamomkapseln mit dem Messerrücken andrücken und mit der Zwiebel dazugeben, alles 1 Min. anbraten. Möhren hinzufügen und 2 Min. unter Rühren mitbraten.

2 Alles mit dem Orangensaft und der Gemüsebrühe ablöschen, aufkochen und 10 Min. kochen lassen. Die Suppe mit dem Pürierstab pürieren (die Kardamomkapseln können darin bleiben) und mit Salz und Cayennepfeffer abschmecken.

Tauschtipps

Kardamom *mögen Sie nicht? Dann bestreuen Sie die fertige Suppe stattdessen mit 2 EL frisch gehackten Basilikumblättern! Statt Möhren können Sie auch Süßkartoffeln oder Kürbis verwenden.*

Weitere Rezepte mit Möhren:

Pichelsteiner **61**
Arabischer Lammtopf **62**
Gemüsepfanne mit Sesamtofu **74**
Lachsforelle in der Folie **114**

herzhaft

KICHERERBSEN-SPINAT-SUPPE

15 Min. Zubereitung
ca. 260 kcal, 10 g EW, 13 g F, 21 g KH

1/2 Dose Kichererbsen (120 g Abtropfgewicht)
1 kleine Zwiebel
1 kleine Knoblauchzehe (siehe S. 11)
1/2 große rote Chilischote (siehe S. 11)
1 EL neutrales Öl
400 ml Gemüsebrühe (Instant)
1/4 Packung TK-Blattspinat (112 g, aufgetaut)
Salz

1 Die Kichererbsen durch ein Sieb abgießen, kalt abbrausen und abtropfen lassen (Rest in eine Plastikdose umfüllen; er hält im Kühlschrank ca. 4 Tage).

2 Die Zwiebel und den Knoblauch schälen und fein hacken. Chili waschen, entkernen und fein schneiden. Das Öl in einem Topf erhitzen.

3 Zwiebel, Knoblauch und Chili darin ca. 1 Min. anbraten. Die Kichererbsen dazugeben und ca. 1 Min. mitbraten. Mit der Brühe ablöschen und aufkochen lassen.

4 Den Spinat ausdrücken, grob schneiden und unterrühren. Die Suppe erneut aufkochen und 2–3 Min. bei schwacher Hitze zugedeckt kochen lassen. Mit Salz abschmecken und nach Belieben mit dem Pürierstab leicht anpürieren.

- -

Weitere Rezepte mit Kichererbsen:

Kichererbsencreme **32**
Arabischer Lammtopf **62**
Couscouspfanne **75**

Weitere Rezepte mit TK-Spinat:

Spinattäschchen mit Schafskäse **37**
Kartoffelsuppe mit Spinat **52**
Kartoffel-Spinat-Gratin **83**
Lachs auf Blattspinat **108**

preiswerter Klassiker

BROTSUPPE MIT EI

10 Min. Zubereitung
ca. 340 kcal, 14 g EW, 27 g F, 12 g KH

250 ml Fleischbrühe (Instant)
1 kleine Knoblauchzehe
1 kleines Lorbeerblatt
1 Prise getrockneter Thymian
1 sehr frisches Ei
2 EL Olivenöl
1 Scheibe altbackenes Weißbrot

1 Die Fleischbrühe in einem Topf erhitzen. Die Knoblauchzehe schälen, längs halbieren und mit dem Lorbeerblatt und dem getrockneten Thymian dazugeben.

2 Das Ei vorsichtig in eine Suppenkelle aufschlagen, sodass das Eigelb unverletzt bleibt. In die leicht siedende Brühe gleiten lassen und ca. 4 Min. sanft kochen lassen.

3 Inzwischen das Öl in einer kleinen Pfanne erhitzen, das Brot darin von jeder Seite in 1–2 Min. goldbraun braten. In einen Suppenteller legen. Das pochierte Ei vorsichtig aus der Brühe heben und darauflegen. Die heiße Brühe (ohne Lorbeerblatt und Knoblauch) darübergießen.

Weitere Rezepte mit Eiern:

Eier mit Grüner Sauce **70**
Tortillas **80** und **95**
Pfannkuchen **76** und **140**
Kirsch-Clafoutis **144**

vielseitig abzuwandeln

KARTOFFELSUPPE

25 Min. Zubereitung
ca. 340 kcal, 10 g EW, 12 g F, 46 g KH

1 kleine Zwiebel
1 kleine Knoblauchzehe (siehe S. 11)
1 kleines Bund Suppengrün
   (Möhre, Lauch, Sellerie, Petersilie)
250 g Kartoffeln (siehe Tipp rechts)
1 EL neutrales Öl
350 ml Gemüsebrühe (Instant)
Salz · Pfeffer
frisch geriebene Muskatnuss

1 Die Zwiebel und den Knoblauch schälen und sehr fein hacken. Suppengrün putzen, waschen oder schälen und sehr fein hacken (Petersilienstängel mithacken, die Blätter für die Garnitur beiseitelegen). Die Kartoffeln schälen und in dünne Scheiben schneiden.

2 Das Öl in einem Topf erhitzen. Zwiebel, Knoblauch und Suppengrün darin 2 Min. bei mittlerer Hitze unter Rühren anbraten. Die Kartoffeln hinzufügen und alles mit der Brühe ablöschen. Die Suppe aufkochen und ca. 12 Min. kochen lassen.

3 Für eine cremige Suppe die Kartoffeln mit dem Kartoffelstampfer grob zerkleinern. Verzichten Sie darauf, wenn Sie eine klare Suppe lieber mögen. Die Suppe mit Salz, Pfeffer und Muskat würzen. Die Petersilienblätter fein schneiden und auf die Suppe streuen.

Weitere Rezepte mit Kartoffeln:

Rosmarinrösti mit Knoblauchquark **78**
Peperonata mit Kurkumakartoffeln **79**
Kartoffeltortilla **80**
Kartoffel-Spinat-Gratin **83**
Kalbsleber in Salbeibutter **131**

Varianten

*Für **Kartoffelsuppe mit Speck** 1 EL Speckwürfel (25 g; den Rest z. B. für **Flammkuchen 38** verwenden) mit 1 klein gehackten Zwiebel in 1 TL Öl 3–4 Min. unter Rühren goldbraun braten. Unter die fertige Kartoffelsuppe rühren und mit Pfeffer und nach Belieben Kümmel abschmecken.*

*Für **Kartoffelsuppe mit Spinat** lassen Sie das Suppengrün weg und braten nur Zwiebel und Knoblauch an. Kartoffeln und Brühe dazugeben und 10 Min. kochen lassen. 1/4 Packung aufgetauten Blattspinat (112 g) gut ausdrücken, hacken und hinzufügen. 2 Min. mitkochen lassen. Die Suppe mit Salz, Pfeffer und frisch geriebener Muskatnuss abschmecken.*

*Für **Kartoffel-Lauch-Suppe mit Lachs** lassen Sie Zwiebel, Knoblauch und Suppengrün weg und braten dafür 1 dünne, in feine Ringe geschnittene Stange Lauch im Öl an. Kartoffeln und 1/2 TL getrockneten Thymian dazugeben und mit der Brühe aufgießen. Ca. 12 Min. kochen lassen. 1 EL Crème fraîche (Rest siehe S. 14) hinzufügen und die Suppe mit 1–2 TL Zitronensaft (Rest siehe S. 10), 1 Prise Zucker, Salz und Pfeffer würzen. In eine Suppenschale füllen und 40 g in feine Streifen geschnittenen Räucherlachs aufstreuen (den Rest vom Räucherlachs können Sie als feine Vorspeise genießen oder statt des TK-Lachses für **Lachstartelette 38** verwenden – aufgrund des intensiven Geschmacks reichen dabei 50 g).*

Praxistipp

*An sich verwendet man für Suppen und Pürees am besten **mehligkochende Kartoffeln**. Sie sind besonders stärkehaltig und machen diese Gerichte schön sämig. **Festkochende Kartoffeln** eignen sich für Salate und Aufläufe, weil sie nicht so leicht zerfallen. Wenn Sie kein ausgesprochener Kartoffelfan sind, bei dem die Knollen jeden Tag auf den Tisch kommen, entscheiden Sie sich in der Single-Küche für **vorwiegend festkochende** Kartoffeln – die können Sie für alles verwenden.*

für Gemüse nach Vorratslage

ASIA-SUPPE MIT TOFU

12 Min. Zubereitung
ca. 170 kcal, 14 g EW, 7 g F, 12 g KH

250 ml Gemüsebrühe (Instant)
2 EL helle Sojasauce
1 Stück frischer Ingwer (ca. 1 cm; siehe S. 10)
1 kleine Knoblauchzehe (siehe S. 11)
100 g schnittfester Tofu
5 Champignons
1 Möhre
2 Frühlingszwiebeln
3 Stängel Koriandergrün (nach Belieben)

1 Die Brühe mit der Sojasauce in einem Topf erhitzen. Den Ingwer schälen, in Scheiben schneiden und dazugeben. Den Knoblauch schälen und dazupressen. 3 Min. bei schwacher Hitze köcheln lassen.

2 Den Tofu in ca. 1 cm große Würfel schneiden (Rest in einer Plastikdose mit Wasser bedecken; hält im Kühlschrank 3–4 Tage).

3 Die Champignons putzen, trocken abreiben und in Scheiben schneiden. Die Möhre schälen und in feine Scheiben schneiden oder hobeln.

4 Die Frühlingszwiebeln putzen, waschen und schräg in 2 cm lange Stücke schneiden (Rest siehe S. 10). Gemüse und Tofu zur Suppe geben und 3 Min. mit erwärmen.

5 Das Koriandergrün (falls verwendet) waschen und trocken schütteln, die Blätter abzupfen und grob hacken. Die Suppe in eine Schale füllen und mit Koriandergrün garnieren.

Weitere Rezepte mit Tofu:
Tofucreme **32**
Tofucurry **73**
Gemüsepfanne mit Sesamtofu **74**

Weitere Rezepte mit Champignons:
Avocado-Pilz-Salat **22**
Pilzrisotto **102**
Filet im Blätterteig **126**

einfach und gut

KRÄUTERFLÄDLESUPPE

20 Min. Zubereitung
ca. 245 kcal, 15 g EW, 13 g F, 15 g KH

2 EL Mehl · 1 Ei
4 EL Milch · Salz
1 EL gehackte Kräuter (z. B. Petersilie,
  Schnittlauch, Dill: frisch oder TK)
1 TL neutrales Öl
250 ml Fleischbrühe (Instant)
1 EL Schnittlauchröllchen (nach Belieben)

1 Das Mehl in einer Rührschüssel mit dem Ei und der Milch verquirlen. 1 Prise Salz und die Kräuter unterrühren und 10 Min. zugedeckt quellen lassen.

2 Das Öl in einer mittelgroßen Pfanne erhitzen. Den Teig hineingießen und daraus einen Pfannkuchen backen (von jeder Seite 1–2 Min.). Herausnehmen und abkühlen lassen.

3 Die Brühe aufkochen. Den Kräuterpfannkuchen aufrollen und in feine Streifen schneiden. Diese in einen Suppenteller geben und mit der heißen Fleischbrühe übergießen. Nach Belieben mit Schnittlauchröllchen bestreuen.

Weitere Rezepte mit Eiern:
Eier mit Grüner Sauce **70**
Tortillas **80** und **95**
Pfannkuchen **76** und **140**
Kirsch-Clafoutis **144**

würzig-scharf

ORIENTALISCHE HÜHNERSUPPE

25 Min. Zubereitung
ca. 185 kcal, 31 g EW, 2 g F, 8 g KH

120 g Hähnchenbrustfilet
1 Möhre · 1 kleiner Zucchino (ca. 100 g)
3 Frühlingszwiebeln
350 ml Gemüsebrühe (Instant)
je 1/4 TL Kurkuma und
  gemahlener Kreuzkümmel (Cumin)
1/4 TL Harissa (siehe S. 11)
1 kleine Knoblauchzehe (siehe S. 11)
3 Stängel Petersilie · Salz

1 Hähnchenfleisch kalt abwaschen, trocken tupfen und in ca. 1 cm große Würfel schneiden (der Rest hält sich im Kühlschrank 2–3 Tage). Die Möhre schälen, den Zucchino waschen und putzen, beides in Stifte schneiden. Die Frühlingszwiebeln putzen, waschen und fein schneiden (Rest siehe S. 10).

2 Die Gemüsebrühe in einem Topf mit Kurkuma, Kreuzkümmel und Harissa aufkochen. Den Knoblauch schälen und dazupressen.

3 Das Hähnchenfleisch und die Möhrenstifte dazugeben und 3 Min. bei mittlerer Hitze kochen lassen. Zucchini und Frühlingszwiebeln unterrühren und weitere 3 Min. garen.

4 Die Petersilie waschen und trocken schütteln, die Blätter abzupfen, grob schneiden und unter die Suppe rühren (Rest siehe S. 10). Zuletzt mit Salz abschmecken.

Weiter Rezepte mit Hähnchenbrustfilet:

Hähnchensalat mit Ananas **28**
Hähnchentopf mit Zucchini **60**
Gefüllte Hähnchenbrust **134**

Weitere Rezepte mit Zucchini:

Gegrillte Zucchini mit Minzpesto **66**
Tomaten-Zucchini-Gratin **84**
Lammrückenfilet auf Ratatouille **128**

thailändisch scharf

KOKOS-FISCHSUPPE

12 Min. Zubereitung
ca. 550 kcal, 24 g EW, 45 g F, 10 g KH

100 g TK-Fischfilet (z. B. Seelachs; aufgetaut)
2 EL Fischsauce (ersatzweise helle Sojasauce)
5 Kirschtomaten · 2 Frühlingszwiebeln
200 ml Kokosmilch (Dose oder Packung)
100 ml Gemüsebrühe (Instant)
1 TL Tom-Kha-Suppenpaste (Asienladen)
3 Limettenblätter (nach Belieben, s. Tipp S. 110)
2–3 TL Limettensaft

1 Das Fischfilet würfeln und mit 1 EL Fischsauce beträufeln Kirschtomaten waschen und halbieren. Frühlingszwiebeln putzen, waschen und schräg in 2 cm lange Stücke schneiden (Rest siehe S. 10).

2 Kokosmilch (Rest siehe S. 110) mit Brühe und Suppenpaste in einem Topf aufkochen. Limettenblätter waschen und hinzufügen, falls verwendet. Fisch, Tomaten und Frühlingszwiebeln zugeben und 3 Min. bei schwacher Hitze garen. Mit Fischsauce und Limettensaft (Rest siehe S. 10) abschmecken. Limettenblätter vor dem Servieren entfernen.

Tipp

Verwenden Sie möglichst eine Tom-Kha-Paste ohne Glutamat. Auch mit roter Thai-Currypaste wird die Suppe lecker. Beide Pasten halten sich im Kühlschrank wochenlang.

Weitere Rezepte mit Kokosmilch:
Tofucurry **73**
Kokos-Panna-cotta mit Mango **152**

sehr aromatisch

BRASILIANISCHER FISCHTOPF

30 Min. Zubereitung
ca. 800 kcal, 33 g EW, 62 g F, 28 g KH

FÜR DEN FISCHTOPF:
100 g TK-Fischfilet
   (z. B. Seelachs oder Kabeljau)
4 TK-Riesengarnelen (ca. 80 g)
1 kleine Knoblauchzehe (siehe S. 11)
1/2 große rote Chilischote (siehe S. 11)
Salz · 2 EL Limettensaft
1 kleine Zwiebel
1 Tomate
1/2 Bund Koriandergrün
1 EL neutrales Öl
200 ml Kokosmilch (Dose oder Packung)

FÜR DEN REIS:
1 kleine Knoblauchzehe (siehe S. 11)
1 TL neutrales Öl
60 g Basmatireis · Salz

1 Fisch und Garnelen rechtzeitig auftauen lassen. Den Knoblauch schälen. Die Chilischote waschen, längs aufschneiden, entkernen und klein schneiden. Beides im Mörser mit 1/2 TL Salz zerkleinern (oder auf der Arbeitsfläche mit einem schweren Messer fein hacken).

2 Das Fischfilet trocken tupfen und in Würfel schneiden. Garnelen schälen und am Rücken ein- ritzen, den schwarzen Darmfaden entfernen, das Garnelenfleisch waschen. Fisch und Garnelen in einer Schüssel mit der Chili-Knoblauch-Mischung und 1 EL Limettensaft (Rest siehe S. 10) vermengen.

3 Die Zwiebel schälen und fein hacken. Die Tomate waschen und klein schneiden, den Stielansatz dabei entfernen. Das Koriandergrün waschen und trocken schütteln, Blätter und feine Stängel hacken.

4 Für den Reis den Knoblauch schälen und fein hacken. In einem Topf das Öl erhitzen und den Knoblauch darin bei mittlerer Hitze kurz anbraten

(Vorsicht, er darf nicht zu braun werden, sonst schmeckt er bitter!). Den Reis und 1 Prise Salz unterrühren und 1 Min. unter Rühren mitbraten. 150 ml Wasser angießen, aufkochen und zugedeckt 15 Min. bei schwacher Hitze quellen lassen.

5 Inzwischen in einem weiteren Topf das Öl für den Fischtopf erhitzen. Die Zwiebel darin anbraten. Die Tomate und die Kokosmilch dazugeben (Dose vor dem Öffnen kräftig schütteln). Bei starker Hitze 2 Min. einkochen lassen, gelegentlich umrühren.

6 Den Fisch und die Garnelen untermischen und 5–6 Min. zugedeckt bei mittlerer Hitze schmoren lassen. Das gehackte Koriandergrün unterrühren und das Ganze mit dem restlichen Limettensaft und evtl. noch etwas Salz abschmecken. Mit dem Knoblauchreis anrichten.

Aufbewahrungstipps

*Vom **Knoblauchreis** können Sie gleich die doppelte Menge zubereiten. Stellen Sie den Rest abgekühlt und zugedeckt in den Kühlschrank und verwenden Sie ihn in den nächsten 3–4 Tagen für das Rezept **Gebratener Reis 100**.*
*Übriges **Koriandergrün** in feuchtes Küchenpapier gewickelt ins Gemüsefach des Kühlschranks legen und in den nächsten 2–3 Tagen z. B. für die **Asia- Suppe mit Tofu 54** oder das **Garnelen-Curry mit Ananas 110** aufbrauchen.*
*Die restliche **Kokosmilch** hält sich in einem Schraubglas im Kühlschrank ca. 1 Woche; in einer Plastikdose eingefroren ca. 3 Monate.*

Weitere Rezepte mit TK-Fischfilet:
Kokos-Fischsuppe 57
Pfefferfisch mit Fenchel **106**
Fisch in Senfsahne **108**
Fisch mit Gurkensauce **108**
Fischcurry **110**

Weitere Rezepte mit Kokosmilch:
Tomaten-Kokos-Suppe 46
Tofucurry 73
Garnelencurry mit Ananas **110**
Kokos-Panna-cotta mit Mango **152**

sättigt und wärmt

HÄHNCHENTOPF MIT ZUCCHINI

35 Min. Zubereitung
ca. 480 kcal, 40 g EW, 25 g F, 24 g KH

1 Zucchino (ca. 150 g)
1 kleine Zwiebel
2 Kartoffeln (ca. 150 g, siehe Tipp S. 52)
150 g Hähnchenbrustfilet
Salz · Pfeffer
1 TL getrockneter Estragon (wahlweise
*   1/2 TL getrockneter Thymian)*
1 EL neutrales Öl
4 EL Gemüsebrühe (Instant, zubereitet)
4 EL Sahne

1 Den Zucchino waschen, putzen, längs halbieren und in dicke Halbmonde schneiden. Die Zwiebel schälen und in Spalten schneiden. Die Kartoffeln schälen und in ca. 1 cm große Würfel schneiden.

2 Das Hähnchenfleisch kalt abwaschen, trocken tupfen und in ca. 2 cm große Würfel schneiden. Mit Salz, Pfeffer und Estragon würzen.

3 Das Öl in einem Schmortopf erhitzen, das Hähnchenfleisch und die Zwiebelspalten darin 2–3 Min. anbraten. Kartoffelwürfel, Gemüsebrühe und Sahne (Rest siehe S. 14) dazugeben und alles 8 Min. zugedeckt bei mittlerer Hitze schmoren lassen, dabei gelegentlich umrühren.

4 Den Zucchino hinzufügen und den Eintopf zugedeckt in weiteren 5–6 Min. fertig garen. Mit Salz und Pfeffer abschmecken.

- -

Weitere Rezepte mit Hähnchenbrustfilet:
Orientalische Hühnersuppe **56**
Gefüllte Hähnchenbrust **134**

Weitere Rezepte mit Zucchini:
Zucchini-Walnuss-Pfannkuchen **76**
Lammrückenfilet auf Ratatouille **128**

aus dem Backofen

PICHELSTEINER

15 Min. Zubereitung · 30 Min. Garen
ca. 450 kcal, 50 g EW, 10 g F, 40 g KH

2 Möhren · 1 dünne Stange Lauch
250 g Kartoffeln (siehe Tipp S. 52)
je 1 Schweine- und Kalbsschnitzel (je 100 g)
1 TL neutrales Öl
Salz · Pfeffer
frisch geriebene Muskatnuss
100 ml Gemüsebrühe (Instant)
2 Stängel Petersilie

1 Die Möhren schälen und in Scheiben schneiden. Den Lauch putzen, waschen und in dicke Ringe schneiden. Die Kartoffeln schälen und in Scheiben schneiden. Das Fleisch würfeln.

2 Den Backofen auf 180° vorheizen, eine Auflaufform (14 cm Ø) mit dem Öl ausstreichen. Kartoffeln, Gemüse und Fleisch im Wechsel einschichten, jede Lage mit Salz, Pfeffer und Muskat würzen. Zuletzt die Gemüsebrühe erhitzen und darübergießen. Die Form mit Alufolie verschließen und den Eintopf im heißen Ofen (Mitte, Umluft 160°) ca. 30 Min. garen.

3 Die Petersilie waschen und trocken schütteln, die Blättchen abzupfen und fein schneiden (Rest siehe S. 10). Dazu schmeckt deftiges Bauernbrot.

Weitere Rezepte mit Möhren:

Möhren-Orangen-Suppe **49**
Arabischer Lammtopf **62**
Gemüsepfanne mit Sesamtofu **74**
Lachsforelle in der Folie **114**

orientalisch würzig

ARABISCHER LAMMTOPF

25 Min. Zubereitung · 30 Min. Garen
ca. 765 kcal, 47 g EW, 49 g F, 31 g KH

200 g Lammfleisch (Schulter oder Keule)
1 kleine Knoblauchzehe (siehe S. 11)
1 Zwiebel
2 Möhren
1/2 Dose Kichererbsen
   (120 g Abtropfgewicht)
1 EL neutrales Öl
1 TL Tomatenmark · Salz
1/3–1/2 TL Harissa (siehe S. 11)
je 1/3 TL Zimtpulver, gemahlener
   Koriander und Kreuzkümmel (Cumin)
100 ml Gemüsebrühe (Instant)
1 Zucchino

1 Das Lammfleisch mit Küchenpapier trocken tupfen und in ca. 2 cm große Würfel schneiden. Die Knoblauchzehe schälen und fein hacken. Die Zwiebel schälen und in feine Spalten schneiden.

2 Die Möhren schälen und in Scheiben schneiden. Die Kichererbsen durch ein Sieb abgießen, kalt abbrausen und abtropfen lassen (Rest in eine Plastikdose umfüllen; er hält im Kühlschrank ca. 4 Tage).

3 Das Öl in einem Topf erhitzen und das Fleisch darin 3–4 Min. kräftig anbraten. Zwiebeln, Knoblauch und Tomatenmark dazugeben und 1 Min. unter Rühren mitbraten. Mit Salz, Harissa, Zimt, Koriander und Kreuzkümmel würzen.

4 Die Möhren und die Kichererbsen unterrühren. Mit der Brühe ablöschen. Aufkochen und zugedeckt bei mittlerer Hitze ca. 20 Min. schmoren lassen.

5 Inzwischen den Zucchino waschen, putzen, längs halbieren und in Halbmonde schneiden. Hinzufügen und 10 Min. mitschmoren lassen. Mit Salz und evtl. weiterer Harissa abschmecken.

Variante

*Sie lieben die Kombination fruchtig und pikant? Dann probieren Sie mal diesen **Lammtopf mit Aprikosen:** 50 g getrocknete Aprikosen mit lauwarmem Wasser bedecken und 30 Min. einweichen. 1 kleine Zwiebel und 1 Knoblauchzehe schälen und fein hacken. Das Lammfleisch würfeln und mit Salz und Cayennepfeffer würzen. Das Öl im Topf erhitzen, Fleisch mit Zwiebel und Knoblauch darin 3–4 Min. rundherum anbraten. Aprikosen abtropfen lassen, in Streifen schneiden und hinzufügen. Mit 100 ml Gemüsebrühe ablöschen, aufkochen und 30 Min. bei schwacher Hitze zugedeckt schmoren lassen. 2 Frühlingszwiebeln putzen, waschen, fein schneiden und 2 Min. vor Ende der Garzeit unterrühren (Rest siehe S. 10). Mit Salz und Cayennepfeffer abschmecken.*

Praxistipps

*Als Beilage schmeckt **Couscous:** 100 ml Gemüsebrühe (Instant) aufkochen lassen. 60 g Instant-Couscous (mittelfein) einrühren, vom Herd nehmen. Nach Packungsangabe zugedeckt 5–7 Min. quellen lassen. Mit einer Gabel auflockern und 1 TL Butter unterrühren.*
***Lammfleisch** aus Schulter oder Keule ist besonders aromatisch und eignet sich gut zum Schmoren. Verwenden Sie das zartere Rückenfilet, dann verkürzt sich die Garzeit auf insgesamt 20 Min.*

Weitere Rezepte mit Kichererbsen:

Kichererbsencreme **32**
Kichererbsen-Spinat-Suppe **50**
Couscouspfanne **75**

Weitere Rezepte mit Möhren:

Möhren-Orangen-Suppe **49**
Lachsforelle in der Folie **114**

Weitere Rezepte mit Zucchini:

Gegrillte Zucchini mit Minzpesto **66**
Tomaten-Zucchini-Gratin **84**

Vegetarisches

So bunt wie ein Gemüsestand
auf dem Bauernmarkt kom-
men diese Rezepte daher,
und das nicht nur im wört-
lichen Sinn: Hier finden Sie
klassische Lieblingsessen
wie Eier mit Grüner Sauce
ebenso wie Gerichte, die nach
Fernweh schmecken; Alltags-
taugliches ebenso wie Feines
für Sonntags. Gemeinsam ist
ihnen nur eins: Sie machen
Vegetarier glücklich. Aber ganz
sicher nicht nur die!

knusprig

AUBERGINEN MIT JOGHURTDIP

25 Min. Zubereitung · im Bild unten
ca. 440 kcal, 16 g EW, 29 g F, 29 g KH

FÜR DIE AUBERGINEN:
1/4–1/3 Aubergine (ca. 100 g)
Salz · 1 Ei
1 EL Kürbiskerne
  (ersatzweise gehackte Rosmarinnadeln)
3 EL Semmelbrösel
neutrales Öl zum Ausbacken

FÜR DEN JOGHURTDIP:
3 EL Joghurt · 1 TL Olivenöl
1 TL Zitronensaft
1/2 TL gemahlener Kreuzkümmel (Cumin)
Salz · Cayennepfeffer

1 Die Aubergine in 3–4 ca. 1/2 cm dicke Scheiben schneiden, salzen und 10 Min. Wasser ziehen lassen (der Rest hält im Gemüsefach des Kühlschranks 2–3 Tage). Dann ausdrücken und trocken tupfen.

2 Inzwischen für den Dip den Joghurt (Rest siehe S. 14) mit Olivenöl, Zitronensaft (Rest siehe S. 10) und Kreuzkümmel verrühren und mit Salz und Cayennepfeffer würzig abschmecken.

3 Das Ei in einem tiefen Teller mit 1 TL Wasser verschlagen. Kürbiskerne grob hacken, mit den Semmelbröseln vermischt auf einen zweiten Teller geben. Auberginen erst im Ei, dann in der Brösel-mischung wenden, Panade andrücken.

4 In einer Pfanne ca. 1 cm hoch neutrales Öl er-hitzen. Die Auberginen darin von jeder Seite in 2–3 Min. goldbraun ausbacken. Auf Küchenpapier abtropfen lassen, warm oder kalt mit dem Dip essen.

Weitere Rezepte mit Auberginen:

lauwarm am besten

GEGRILLTE ZUCCHINI MIT MINZPESTO

20 Min. Zubereitung · im Bild oben
ca. 395 kcal, 7 g EW, 37 g F, 10 g KH

je 1/2 Bund Petersilie und Minze
1 kleine Knoblauchzehe (siehe S. 11)
2 EL Mandelstifte (oder gemahlene Mandeln)
2 EL Olivenöl
Salz · Pfeffer · Zucker
1 TL Zitronensaft
1 mittelgroßer Zucchino (200 g)
1 TL Olivenöl
1 TL getrockneter Thymian

1 Für das Pesto die Kräuter waschen und trocken schütteln, Blätter abzupfen und in ein hohes Gefäß geben (Rest siehe S. 10). Knoblauch schälen und mit Mandeln und Öl dazugeben. Alles mit dem Pürier-stab fein pürieren. Mit Salz, Pfeffer, 1 Prise Zucker und Zitronensaft (siehe S. 10) abschmecken.

2 Den Zucchino waschen, putzen und schräg in ca. 2 mm dicke Scheiben schneiden. Eine Grill-pfanne erhitzen, die Stege mit Olivenöl einpinseln und die Zucchinischeiben von jeder Seite bei mitt-lerer Hitze 3–4 Min. braten. Vor dem Wenden mit Thymian bestreuen, zum Schluss salzen und pfef-fern. Lauwarm mit dem Minzpesto und knusprigem Ciabatta genießen.

Zubereitungstipp
*Ohne Grillpfanne geht's auch: **Backofen** auf 220° vorheizen, Blech mit Backpapier belegen und mit Olivenöl einpinseln. Zucchini darauf verteilen, mit Öl bepinseln und mit Thymian bestreuen. Im heißen Ofen (Mitte, Grill zuschalten) von jeder Seite 4–5 Min. grillen, herausnehmen und würzen.*

Weitere Rezepte mit Zucchini:

feine Vorspeise für Gäste

GRÜNER SPARGEL

25 Min. Zubereitung
ca. 280 kcal, 12 g EW, 19 g F, 12 g KH

250 g grüner Spargel · Salz
1 Handvoll Kirschtomaten
Zucker
1 EL Olivenöl
40 g Ziegenweichkäse (z. B. Sainte-Maure)
Saft und abgeriebene Schale von 1/2 Bio-Orange

1 Den Spargel im unteren Drittel schälen und die Enden abschneiden. (Den Rest in feuchtes Küchenpapier wickeln, Spitzen dabei frei lassen. Hält im Gemüsefach des Kühlschranks 3–4 Tage.) In einem Topf 5 cm hoch Wasser erhitzen, salzen und den Spargel darin in ca. 12 Min. bissfest kochen.

2 Inzwischen die Kirschtomaten waschen und halbieren. Die Hälften mit der Schnittfläche nach unten in eine kleine Pfanne setzen. Salzen, 1/2 TL Zucker darüberstreuen und das Öl darüberträufeln. Bei mittlerer Hitze zugedeckt 5 Min. schmoren lassen. Den Ziegenkäse in Scheiben schneiden (der Rest hält im Kühlschrank 4–5 Tage).

3 Orangensaft und -schale (Rest siehe S. 10) mit zu den Tomaten geben, 2 Min. weiterschmoren lassen. Den Spargel aus dem Topf heben, abtropfen lassen und auf einen Teller geben.

4 Den Ziegenkäse auf dem Spargel anrichten und die Kirschtomaten darübergeben. Den Orangensud 1 Min. bei starker Hitze einkochen lassen und über den Spargel träufeln. Mit Ciabatta servieren.

- -

Weitere Rezepte mit grünem Spargel:
Spargel-Pilz-Tortilla **80**
Gemüsepfanne mit Sesamtofu **74**

Weitere Rezepte mit Ziegenkäse:
Ziegenkäsesalat mit Walnüssen **24**
Pfannkuchen mit Radicchio **76**
Tomaten-Zucchini-Gratin **84**
Gefüllte Schnitzel **122**

herb-süß

CHICORÉE MIT PINIENKERNEN

10 Min. Zubereitung
ca. 320 kcal, 4 g EW, 26 g F, 13 g KH

1–2 Stauden Chicorée (ca. 200 g)
2 EL Olivenöl
1 EL Pinienkerne
1 TL Honig
2 TL weißer Aceto balsamico
Salz · Pfeffer

1 Den Chicorée, falls nötig, von äußeren Blättern befreien und im Ganzen waschen und abtrocknen. Stielansatz abschneiden und die Stauden längs so vierteln, dass sie noch gut zusammenhalten.

2 Das Öl in einer Pfanne erhitzen, den Chicorée hineingeben und von allen Seiten bei mittlerer Hitze 2–3 Min. anbraten. Die Pinienkerne hinzufügen und 1 Min. mitbraten.

3 Honig, Balsamessig und 2 EL Wasser darüberträufeln und alles zugedeckt 3 Min. schmoren lassen, salzen und pfeffern. Mit knusprigem Baguette als Vorspeise oder leichtes Abendessen genießen.

Weiteres Rezept mit Chicorée:
Chicorée-Orangen-Salat **23**

geliebter Klassiker

EIER MIT GRÜNER SAUCE

30 Min. Zubereitung
ca. 675 kcal, 20 g EW, 53 g F, 29 g KH

200 g neue Kartoffeln
1/2 TL Kümmel
1 Bund gemischte Kräuter für Grüne Sauce
    (z. B. Sauerampfer, Pimpernelle, Schnittlauch,
    Borretsch, Petersilie, Zitronenmelisse)
1 Handvoll Kerbel
100 g Crème fraîche
1 TL mittelscharfer Senf
Salz · Pfeffer
1–2 TL Zitronensaft · 2 Eier

1 Die Kartoffeln gründlich waschen, dann in einem Topf mit Wasser bedecken und den Kümmel dazugeben. Aufkochen lassen und die Kartoffeln bei halb aufgelegtem Deckel in ca. 25 Min. weich kochen.

2 Inzwischen für die Grüne Sauce die Kräuter waschen und trocken schütteln, die Blätter von den Stängeln zupfen und grob zerkleinern. Den Kerbel verlesen, waschen und trocken tupfen.

3 Kräuter mit der Crème fraîche (Rest siehe S. 14) und dem Senf in ein hohes Gefäß geben und mit dem Pürierstab fein pürieren. Mit Salz, Pfeffer und Zitronensaft (Rest siehe S. 10) würzig abschmecken.

4 Ca. 10 Min. bevor die Kartoffeln fertig sind, in einem kleinen Topf Wasser aufkochen. Die Eier an der stumpfen Seite mit einer Nadel anpiksen. Mit einem Löffel ins kochende Wasser legen und in 7–8 Min. wachsweich kochen.

5 Die Eier herausnehmen, kalt abschrecken, pellen und halbieren. Mit der Grünen Sauce auf einem Teller anrichten. Die Kartoffeln abgießen und ausdampfen lassen. Nach Belieben entweder gepellt oder mit der Schale dazu essen.

Praxistipp
*Da die **Eier** für dieses Rezept nicht durchgegart werden, sollten sie so frisch wie möglich sein.*

Variante
Kennen Sie Tamarinde? Das Fruchtfleisch der Schoten des Tamarindenbaums, der in Südamerika und Asien beheimatet ist, verleiht Saucen und Currys ein unvergleichlich säuerlich-fruchtiges Aroma. Frisch ist es bei uns schwer zu bekommen, aber in gepresster Form oder als Paste im Glas finden Sie es in jedem Asienladen. Selbst einfache harte Eier werden damit zu einem kleinen exotischen Genuss.

*Für **Eier mit Tamarindensauce** 10 g gepresste Tamarinde in 6 EL lauwarmem Wasser einweichen (oder später 1 TL Tamarindenpaste aus dem Glas + 4 EL Wasser in die Sauce rühren). 4 Schalotten schälen und in feine Spalten schneiden. 5 Kirschtomaten waschen und klein schneiden. 2 Eier in ca. 10 Min. hart kochen. Inzwischen 2 EL neutrales Öl in einer mittelgroßen Pfanne erhitzen und die Schalotten darin unter Rühren 3–4 Min. goldbraun braten, herausnehmen. Die Kirschtomaten in die Pfanne geben. Die aufgeweichte Tamarinde kräftig durchkneten und den Saft durch ein feines Sieb zu den Tomaten gießen (die Kerne und Fasern gut ausdrücken und wegwerfen). 1 gehäuften TL braunen Zucker dazugeben und alles 3–4 Min. einkochen lassen. Die Eier pellen, halbieren und in einen tiefen Teller geben. Die Tamarindensauce mit Salz abschmecken und dazugießen, dann die Schalotten darüberstreuen. Dazu schmeckt Basmatireis (Rezept S. 98).*

*Die übrige gepresste Tamarinde in ein Schraubglas geben – sie hält darin ca. 2 Jahre. Mit dem daraus gewonnenen Saft können Sie auch mal das **Tofucurry 73** und das **Garnelencurry mit Ananas 110** verfeinern (statt mit Limettensaft).*

Weitere Rezepte mit Eiern:
Tortillas **80** und **95**
Pfannkuchen **76** und **140**
Kirsch-Clafoutis **144**

indisch inspiriert

BLUMENKOHL-ERBSEN-CURRY

30 Min. Zubereitung
ca. 400 kcal, 14 g EW, 28 g F, 25 g KH

1/3–1/2 Kopf Blumenkohl (ca. 250 g)
1 kleine Knoblauchzehe (siehe S. 11)
1 kleine Zwiebel
1 Stück frischer Ingwer (ca. 1 cm; siehe S. 10)
1 EL neutrales Öl
1 gehäufter TL Currypulver
100 g TK-Erbsen
5 EL Sahne
Salz · Pfeffer

1 Den Blumenkohl in kleine Röschen zerteilen, waschen und abtropfen lassen (der Rest hält sich im Gemüsefach des Kühlschranks ca. 4 Tage). Knoblauch, Zwiebel und Ingwer schälen und fein hacken.

2 Das Öl in einem Topf erhitzen. Knoblauch, Zwiebel und Ingwer darin 2 Min. unter Rühren anbraten. Blumenkohl und Currypulver dazugeben und 1 Min. mitbraten. Mit 2 EL Wasser ablöschen, zugedeckt bei schwacher Hitze 10 Min. dünsten.

3 (Unaufgetaute) Erbsen und Sahne (Rest siehe S. 14) dazugeben, aufkochen lassen und das Ganze 5–6 Min. bei schwacher Hitze zugedeckt weitergaren. Zum Schluss das Curry salzen und pfeffern. Dazu schmeckt sehr gut **Basmatireis 98.**

Weitere Rezepte mit Blumenkohl:
Blumenkohlsalat **30**
Blumenkohlsuppe **48**
Überbackener Blumenkohl **82**

Weitere Rezepte mit TK-Erbsen:
Lachstartelette **38**
Minestrone **44**
Erbsencremesuppe **46**

nussig-scharf

TOFUCURRY

25 Min. Zubereitung
ca. 700 kcal, 23 g EW, 58 g F, 22 g KH

150 g schnittfester Tofu · 1 EL helle Sojasauce
je 1 Möhre und Zucchino (je ca. 100 g)
3 Limettenblätter (nach Belieben, s. Tipp S. 110)
200 ml Kokosmilch (Dose oder Packung)
1–2 TL rote Thai-Currypaste (Asienladen)
Salz · Zucker
1–2 EL Limettensaft
1 EL geröstete, gesalzene Erdnüsse (nach Belieben)

1 Den Tofu in ca. 1 cm große Würfel schneiden und mit der Sojasauce beträufeln (Rest siehe S. 54). Die Möhre schälen, den Zucchino waschen und putzen, beide in dünne Scheiben schneiden.

2 Die Limettenblätter waschen, mit Kokosmilch (Dose schütteln; Rest siehe S. 58) und Currypaste (siehe Tipp S. 57) aufkochen und 3–4 Min. kochen lassen. Tofu und Gemüse zugeben und 4 Min. bei mittlerer Hitze köcheln lassen. Mit Salz, Zucker und Limettensaft würzen. Erdnüsse (falls verwendet) grob zerstoßen und darüberstreuen. Limettenblätter entfernen. Dazu schmeckt **Basmatireis 98**.

Weitere Rezepte mit Kokosmilch:

Tomaten-Kokos-Suppe **46**
Kokos-Fischsuppe **57**
Garnelencurry mit Ananas **110**

Weitere Rezepte mit Tofu:

Tofucreme **32**
Asia-Suppe mit Tofu **54**
Gemüsepfanne mit Sesamtofu **74**

Feines nach Vorratslage

GEMÜSEPFANNE MIT SESAMTOFU

20 Min. Zubereitung · 1 Std. Marinieren
ca. 230 kcal, 22 g EW, 40 g F, 21 g KH

150 g schnittfester Tofu
1 TL geröstetes Sesamöl · 2 EL helle Sojasauce
100 g Blumenkohlröschen · 2 Möhren
3 Stangen grüner Spargel (wahlweise TK-Bohnen)
1 kleine Knoblauchzehe (siehe S. 11)
1 Stück frischer Ingwer (ca. 2 cm, siehe S. 10)
1 EL Sesamsamen · 2 EL neutrales Öl

1 Den Tofu in 1 cm große Würfel schneiden (Rest siehe S. 54). Mit dem Sesamöl und 1 EL Sojasauce vermischen, 1 Std. zugedeckt durchziehen lassen. Blumenkohl waschen, in dünne Scheiben schneiden (Rest siehe S. 30). Möhren schälen, in Stifte schneiden. Spargel waschen, putzen, im unteren Drittel schälen, schräg in Stücke schneiden. Knoblauch und Ingwer schälen und fein hacken.

2 Die Sesamsamen in der trockenen Pfanne rösten, dann herausnehmen. 1 EL Öl in die Pfanne geben. Tofu trocken tupfen und darin in 3–4 Min. knusprig braun braten, herausnehmen.

3 Das übrige Öl in die Pfanne geben. Knoblauch und Gemüse darin bei starker Hitze 2 Min. unter Rühren braten. 4 EL Wasser hinzufügen. Zugedeckt 4–5 Min. bei mittlerer Hitze bissfest garen. Mit der übrigen Sojasauce würzen, den Tofu untermischen, den Sesam drüberstreuen.

- -

Weitere Rezepte mit Tofu:
Tofucreme **32**
Asia-Suppe mit Tofu **54**

Weitere Rezepte mit Blumenkohl:
Blumenkohlsalat **30**
Blumenkohlsuppe **48**

Weitere Rezepte mit grünem Spargel:
Grüner Spargel **68**
Spargel-Pilz-Tortilla **80**

orientalisch gewürzt

COUSCOUSPFANNE

35 Min. Zubereitung
ca. 500 kcal. 18 g EW, 14 g F, 72 g KH

1/2 Dose Kichererbsen (120 g Abtropfgewicht)
1 rote oder gelbe Paprikaschote · 1 Möhre
1 kleiner Zucchino · 2 Frühlingszwiebeln
1 EL neutrales Öl · 150 ml Gemüsebrühe (Instant)
je 1/2 TL gemahlener Koriander und
  Kreuzkümmel (Cumin)
1/4–1/2 TL Harissa (nach Belieben, siehe S. 11)
60 g Instant-Couscous (mittelfein) · Salz · Pfeffer

1 Die Kichererbsen abgießen, kalt abspülen und abtropfen lassen (Rest siehe S. 50). Paprikaschote putzen, waschen und in feine Streifen schneiden. Möhre schälen, Zucchino waschen und putzen, beide in feine Stifte schneiden. Frühlingszwiebeln putzen, waschen und – Weißes und Grün getrennt – fein schneiden (Rest siehe S. 10).

2 Öl in einer mittleren Pfanne erhitzen. Paprika, Möhre und weiße Frühlingszwiebelstücke darin 3 Min. unter Rühren anbraten. Zucchino und Kichererbsen dazugeben, 2 Min. bei mittlerer Hitze mitbraten. Brühe, Gewürze und Harissa (falls verwendet) dazugeben, aufkochen lassen. Couscous einrühren, vom Herd nehmen und 5–7 Min. quellen lassen. Frühlingszwiebelgrün unterrühren, alles mit Salz und Pfeffer abschmecken.

- -

Weitere Rezepte mit Kichererbsen:

Kichererbsencreme **32**
Kichererbsen-Spinat-Suppe **50**
Arabischer Lammtopf **62**

pikant gefüllt

PFANNKUCHEN MIT RADICCHIO

20 Min. Zubereitung · im Bild oben
ca. 435 kcal, 22 g EW, 27 g F, 23 g KH

2 1/2 EL Mehl
1 Ei · Salz
frisch geriebene Muskatnuss
5 EL Milch
100 g Radicchio (wahlweise 1/4 Packung
  TK-Blattspinat, 112 g; aufgetaut)
1 kleine Zwiebel
40 g Ziegenweichkäse (z. B. Sainte-Maure)
1 EL Butterschmalz
Pfeffer

1 Das Mehl in einer Schüssel mit dem Ei und je 1 Prise Salz und Muskat verrühren. Nach und nach die Milch unterrühren, bis ein glatter, klümpchenfreier Teig entsteht. 10 Min. zugedeckt quellen lassen.

2 Inzwischen den Radicchio putzen, waschen und in Streifen schneiden (oder Spinat ausdrücken und grob schneiden). Die Zwiebel schälen und in feine Spalten schneiden. Den Ziegenkäse klein würfeln (der Rest hält sich im Kühlschrank ca. 4 Tage).

3 1/2 EL Butterschmalz in einer mittleren Pfanne erhitzen. Die Zwiebel darin 2 Min. anbraten. Den Radicchio (oder Spinat) dazugeben und 2 Min. mitbraten, mit Salz und Pfeffer würzen. Den Ziegenkäse darüberstreuen und zugedeckt warm halten.

4 Übriges Butterschmalz in einer großen Pfanne schmelzen lassen, den Teig hineingeben, durch Schwenken der Pfanne dünn verteilen und daraus bei mittlerer Hitze einen Pfannkuchen backen (von jeder Seite ca. 2 Min.). Radicchio-Ziegenkäse-Mischung daraufgeben und Pfannkuchen aufrollen.

Weitere Rezepte mit Ziegenkäse:

italienisch

ZUCCHINI-WALNUSS-PFANNKUCHEN

20 Min. Zubereitung · im Bild unten
ca. 430 kcal, 21 g EW, 30 g F, 18 g KH

2 EL Mehl · 2 Eier · 4 EL Milch
1/2 TL getrockneter Thymian
1 kleiner Zucchino (ca. 120 g)
4 Walnusskernhälften
Salz · Pfeffer
frisch geriebene Muskatnuss
1 EL neutrales Öl

1 Das Mehl in einer Rührschüssel kräftig mit Eiern, Milch und Thymian verrühren. 10 Min. zugedeckt quellen lassen.

2 Inzwischen den Zucchino waschen, putzen und grob raspeln. Walnüsse grob hacken und beiseitestellen (Rest siehe S. 15).

3 Die Zucchiniraspel unter den Teig mengen und mit Salz, Pfeffer und Muskat kräftig würzen. Das Öl in einer mittleren Pfanne erhitzen. Den Teig hineingeben und gleichmäßig verteilen. 3–4 Min. bei mittlerer Hitze backen.

4 Die Walnüsse aufstreuen, dann den Pfannkuchen wenden und in weiteren 3–4 Min. fertig backen. Dazu schmecken der Joghurtdip von S. 66 und ein kleiner Salat.

Variante
*Für einen **Zucchini-Schafskäse-Pfannkuchen** die Walnüsse weglassen, dafür 40 g Schafskäse zum Teig bröseln und etwas sparsamer salzen, weil der Schafskäse bereits salzig ist.*

Weitere Rezepte mit Zucchini:

Kartoffeln und Quark mal anders

ROSMARINRÖSTI MIT KNOBLAUCHQUARK

40 Min. Zubereitung
ca. 310 kcal, 18 g EW, 11 g F, 35 g KH

250 g Kartoffeln (siehe Tipp S. 52)
1 Zweig frischer Rosmarin
Salz · Pfeffer · frisch geriebene Muskatnuss
1 EL Butterschmalz
100 g Magerquark
1 Stück Salatgurke (5 cm, nach Belieben)
1 kleine Knoblauchzehe (siehe S. 11)

1 Die Kartoffeln waschen, in einen Topf geben, mit Wasser bedecken und in 20 Min. knapp gar kochen. Abgießen und abkühlen lassen.

2 Die Kartoffeln pellen und grob raspeln. Rosmarin waschen und trocken schütteln, die Nadeln abstreifen und fein hacken. Zur Röstimasse geben, mit Salz, Pfeffer und Muskat würzen.

3 1/2 EL Butterschmalz in einer mittelgroßen Pfanne schmelzen, die Kartoffelmasse hineingeben und glatt streichen. 3–4 Min. braten. Mithilfe eines Tellers wenden, das übrige Butterschmalz in die Pfanne geben und Rösti von der anderen Seite in 3–4 Min. fertig backen.

4 Inzwischen den Quark in ein Schälchen geben (Rest siehe S. 14). Die Gurke waschen und dazuraspeln (Rest siehe S. 24). Den Knoblauch schälen und dazupressen. Alles verrühren, mit Salz und Pfeffer abschmecken und zum Rösti essen.

Weitere Rezepte mit Quark:
Quarktäschchen **147**
Quarkstrudel mit Beeren **149**
Schoko-Bananen-Quark **150**

Weitere Rezepte mit Kartoffeln:
Kartoffelsuppe **52**
Peperonata mit Kurkumakartoffeln **79**
Kartoffeltortilla **80**
Kartoffel-Spinat-Gratin **83**

würzig und farbenfroh

PEPERONATA MIT KURKUMAKARTOFFELN

20 Min. Zubereitung
ca. 235 kcal, 6 g EW, 11 g F, 28 g KH

150 g Kartoffeln (siehe Tipp S. 52)
Salz · 1/2 TL Kurkuma
1 1/2 Paprikaschoten (rot, gelb, grün gemischt)
1 Zwiebel · 1 kleine Knoblauchzehe (siehe S. 11)
1 EL Olivenöl
1 TL Tomatenmark
Pfeffer · 1 EL gehackte Petersilie

1 Die Kartoffeln schälen und 2 cm groß würfeln. In einem Topf mit Wasser bedecken, salzen und Kurkuma dazugeben. 10–12 Min. kochen lassen.

2 Inzwischen die Paprikaschoten putzen, waschen und in 2 cm große Rauten schneiden (Aufbewahrungstipp für den Rest siehe S. 26). Die Zwiebel schälen und in Spalten schneiden. Den Knoblauch schälen und fein hacken.

3 Öl in einer großen Pfanne erhitzen. Zwiebel, Knoblauch und Tomatenmark 1 Min. anbraten. Paprikastücke hinzufügen und 2 Min. unter Rühren mitbraten. 5 EL Wasser dazugeben, salzen und pfeffern und 5 Min. zugedeckt schmoren lassen. Kartoffeln durch ein Sieb abgießen, abtropfen lassen und untermischen. Mit Petersilie bestreuen.

Weitere Rezepte mit Paprikaschoten:
Gegrillte Paprika mit Schafskäse **34**
Paprika-Mais-Tortilla **80**
Lammrückenfilet auf Ratatouille **128**

spanisch

KARTOFFELTORTILLA

15 Min. Zubereitung
ca. 430 kcal, 18 g EW, 28 g F, 26 g KH

200 g Kartoffeln (siehe Tipp S. 52)
1 kleine Knoblauchzehe (siehe S. 11)
1 Frühlingszwiebel
2 Eier · Salz
neutrales Öl zum Frittieren

1 In einer kleinen Pfanne 1 cm hoch Öl erhitzen, bis Blasen an einem hineingehaltenen Holzstäbchen aufsteigen. Inzwischen die Kartoffeln schälen, in Pommes-frites-Form schneiden und mit Küchenpapier trocken tupfen. Ins heiße Öl geben und bei mittlerer Hitze in ca. 5 Min. weich frittieren, aber nicht braun werden lassen.

2 Inzwischen den Knoblauch schälen und fein hacken. Die Frühlingszwiebel putzen, waschen und fein schneiden (Rest siehe S. 10). Beides in der letzten Minute zu den Kartoffeln geben und mitfrittieren. Alles durch ein feines Sieb abgießen, das Öl dabei auffangen (es lässt sich wiederverwenden).

3 Die Eier in einer Schüssel mit einer kräftigen Prise Salz verrühren, aber nicht schaumig schlagen. Die Kartoffeln kurz abtropfen lassen, salzen und unter die Eier rühren.

4 Die kleine Pfanne erneut erhitzen (die Menge Öl, die noch darin haftet, reicht aus). Die Eier-Kartoffel-Mischung einfüllen und glatt streichen. 4 Min. bei mittlerer Hitze backen. Dann mithilfe eines flachen Deckels oder eines Tellers wenden und in weiteren 4 Min. goldbraun backen. Warm mit Salat oder kalt als Sandwich-Belag essen.

Varianten

*Für **Spargel-Pilz-Tortilla** 150 g Kartoffeln schälen und in Scheiben schneiden. 2 Stangen grünen Spargel waschen, putzen, im unteren Drittel schälen und schräg in ca. 1/2 cm dicke Scheiben schneiden. 4 Champignons putzen, trocken abreiben und in Scheiben schneiden. 1 kleine Knoblauchzehe schälen und fein hacken. 2 Eier mit 1 Prise Salz verrühren. Wie links beschrieben die Kartoffeln 4 Min. frittieren. Spargel, Pilze und Knoblauch hinzufügen und 1 Min. mitfrittieren. In ein Sieb abgießen, abtropfen lassen und salzen. Unter die Eier rühren und wie beschrieben eine Tortilla daraus backen.*
*Den restlichen grünen **Spargel** können Sie in feuchtes Küchenpapier wickeln (Spitzen dabei frei lassen) und im Gemüsefach des Kühlschranks 3–4 Tage aufheben. Verbrauchen Sie ihn zum Beispiel für die Rezepte **Grüner Spargel 68** oder **Gemüsepfanne mit Sesamtofu 74**.*
*Übrige Champignons können Sie für **Spätzle mit Pilzrahm 96** oder für **Pilzrisotto 102** verwenden.*
*Für **Paprika-Mais-Tortilla** 1 rote oder gelbe Paprikaschote (oder je 1/2 jeder Farbe) putzen, waschen und in feine Streifen schneiden. 2 Frühlingszwiebeln putzen, waschen und weiße und grüne Teile getrennt in feine Ringe schneiden. 1 kleine Knoblauchzehe schälen und fein hacken. 2 EL Mais aus der Dose mit Küchenpapier trocken tupfen. 1 EL Öl in einer kleinen Pfanne erhitzen und das Weiße der Frühlingszwiebeln, den Knoblauch und die Paprikastreifen darin unter Rühren 3 Min. braten. Salzen und in ein Sieb abgießen. Eier mit Salz verrühren, Paprikamischung, Mais und Frühlingszwiebelgrün untermischen. Die Pfanne auswischen, 1 TL Öl darin erhitzen und wie beschrieben eine Tortilla backen.*
*Den Rest Mais in eine Plastikdose umfüllen, im Kühlschrank aufbewahren und in den nächsten 4–5 Tagen als Salatzutat, z. B. für grünen Salat oder für **Thunfischsalat 26**, verwenden.*

Weitere Rezepte mit Kartoffeln:

Kartoffelsuppe **52**
Rosmarinrösti mit Knoblauchquark **78**
Peperonata mit Kurkumakartoffeln **79**
Kartoffel-Spinat-Gratin **83**

Weitere Rezepte mit Eiern:

Eier mit Grüner Sauce **70**
Nudeltortilla **95**
Pfannkuchen **76** und **140**
Kirsch-Clafoutis **144**

geliebter Klassiker

ÜBERBACKENER BLUMENKOHL

20 Min. Zubereitung · 20 Min. Überbacken
ca. 230 kcal, 9 g EW, 17 g F, 9 g KH

1/3–1/2 Kopf Blumenkohl (ca. 250 g)
3 Zitronenscheiben · Salz
1 EL Butter
1 gehäufter TL Mehl
1 EL Zitronensaft
Pfeffer · frisch geriebene Muskatnuss
1 EL Mandelstifte
2 EL geriebener Gratinkäse

1 Den Blumenkohl in Röschen teilen und diese waschen (der Rest hält sich im Gemüsefach des Kühlschranks ca. 4 Tage). Mit den Zitronenscheiben (sie sorgen dafür, dass er schön weiß bleibt; Rest siehe S. 10) in kochendem Salzwasser in 8–10 Min. bissfest garen. Dann durch ein Sieb abgießen, dabei 150 ml Kochwasser auffangen.

2 Den Backofen auf 200° (Umluft 180°) vorheizen. In einem Topf die Butter schmelzen lassen und das Mehl darin unter Rühren 1 Min. anschwitzen. Nach und nach unter ständigem Rühren das Blumenkohl-kochwasser angießen, 2 Min. kräftig kochen lassen. Mit Zitronensaft, Salz, Pfeffer und Muskat würzen.

3 Den Blumenkohl in eine Auflaufform (14 cm Ø) geben und die Sauce gleichmäßig darübergießen. Die Mandelstifte und den Käse (Rest siehe S. 14) darüberstreuen.

4 Den Auflauf im heißen Ofen (Mitte) ca. 20 Min. überbacken. Dazu schmecken Salzkartoffeln.

- -

Weitere Rezepte mit Blumenkohl:

Blumenkohlsalat **30**
Blumenkohlsuppe **48**
Blumenkohl-Erbsen-Curry **72**
Gemüsepfanne mit Sesamtofu **74**

Hauptgericht oder feine Beilage

KARTOFFEL-SPINAT-GRATIN

15 Min. Zubereitung · 40 Min. Backen
ca. 555 kcal, 10 g EW, 42 g F, 34 g KH

250 g Kartoffeln (siehe Tipp S. 52)
Salz · Pfeffer
frisch geriebene Muskatnuss
1/4 Packung TK-Blattspinat (112 g, aufgetaut)
100 g Sahne
1 EL geriebener Gratinkäse (nach Belieben)
etwas Butter für die Form

1 Den Backofen auf 180° vorheizen. Eine Auflaufform (14 cm Ø) mit Butter ausstreichen. Die Kartoffeln schälen und in dünne Scheiben schneiden.

2 Eine Lage Kartoffelscheiben in die Form schichten und mit Salz, Pfeffer und Muskat würzen. Den Spinat ausdrücken, grob schneiden, auf den Kartoffeln verteilen und ebenso würzen. Mit den übrigen Kartoffeln abdecken und erneut würzen.

3 Sahne über die Kartoffeln gießen und den Käse darüberstreuen, falls verwendet (den Rest im Beutel einfrieren; hält sich 2–3 Monate).

4 Das Gratin in den heißen Ofen schieben (Mitte, Umluft 160°) und ca. 40 Min. backen, bis die Kartoffeln weich sind und die Oberfläche gebräunt ist.

Weitere Rezepte mit TK-Spinat:

provenzalisch inspiriert

TOMATEN-ZUCCHINI-GRATIN

15 Min. Zubereitung · 30 Min. Backen
im Bild hinten
ca. 560 kcal, 26 g EW, 43 g F, 19 g KH

1 Zucchino (ca. 150 g)
2 Tomaten
1 Kartoffel (ca. 100 g; siehe Tipp S. 52)
100 g Ziegenweichkäse (z. B. Sainte-Maure)
2 EL Olivenöl
Salz · Pfeffer
1/2 TL getrocknete Kräuter der Provence

1 Den Backofen auf 180° vorheizen. Den Zucchino und die Tomaten waschen, putzen und jeweils ohne Stielansätze in Scheiben schneiden. Die Kartoffel schälen und in Scheiben schneiden. Den Ziegenkäse in Scheiben schneiden (der Rest hält sich im Kühlschrank 4–5 Tage).

2 Eine Auflaufform (14 cm Ø) mit 1 TL Öl ausstreichen. Die Zucchini-, Tomaten-, Kartoffel- und Ziegenkäsescheiben im Wechsel in die Form schichten. Mit Salz, Pfeffer und Kräutern der Provence würzen und mit dem übrigen Öl beträufeln.

3 Das Gratin in den heißen Backofen schieben (Mitte, Umluft 160°) und ca. 30 Min. backen.

Weitere Rezepte mit Zucchini:

Hähnchentopf mit Zucchini **60**
Gegrillte Zucchini mit Minzpesto **66**
Zucchini-Walnuss-Pfannkuchen **76**
Lammrückenfilet auf Ratatouille **128**

Weitere Rezepte mit Ziegenkäse:

Ziegenkäsesalat mit Walnüssen **24**
Grüner Spargel **68**
Pfannkuchen mit Radicchio **76**
Gefüllte Schnitzel **122**

italienischer Klassiker

AUBERGINEN-PARMIGIANA

20 Min. Zubereitung · 25 Min. Backen
im Bild vorne
ca. 610 kcal, 21 g EW, 54 g F, 9 g KH

1/2 Aubergine (ca. 150 g)
Salz · 3 EL Olivenöl
1/2 Kugel Mozzarella (62 g)
1/2 Packung Tomatenpüree »Basilikum« (185 g)
3 EL frisch geriebener Parmesan
Öl für die Form

1 Die Aubergine in 1/2 cm dicke Scheiben schneiden, salzen und 10 Min. Wasser ziehen lassen (der Rest hält sich im Gemüsefach des Kühlschranks 2–3 Tage). Dann ausdrücken und im Olivenöl in einer Pfanne goldbraun ausbacken. Auf Küchenpapier entfetten.

2 Den Backofen auf 200° vorheizen. Eine Auflaufform (14 cm Ø) mit Öl ausstreichen. Den Mozzarella trocken tupfen und in dünne Scheiben schneiden (der Rest hält sich in einem Schraubglas mit Wasser bedeckt 2–3 Tage im Kühlschrank).

3 Auberginenscheiben, Tomatenpüree (Rest einfrieren oder in den nächsten Tagen als Saucenbasis für Nudeln verwenden), Mozzarella und Parmesan (Rest siehe S. 14) im Wechsel in die Form schichten. Mit Mozzarella und Parmesan abschließen.

4 Auflauf im heißen Ofen (Mitte, Umluft 180°) in ca. 25 Min. goldbraun backen. Lauwarm genießen.

Weitere Rezepte mit Auberginen:

Auberginencreme **32**
Auberginen mit Joghurtdip **66**
Lammrückenfilet auf Ratatouille **128**

Weitere Rezepte mit Mozzarella:

Caprese-Sandwich **40**
Spaghetti mit Hackklößchen **116**
Putenröllchen **124**

Nudeln & Reis

Ein Teller Pasta – das ist
schnelle, unkomplizierte
Küche, die zufrieden macht.
Pasta geht immer, und sie
geht immer wieder anders:
mal edel mit Lachs, mal
bodenständig als Tortilla,
und natürlich immer wieder
gerne mit Tomaten!
Wenn das Essen schnell fertig werden muss, wählen Sie
eines der 12-Minuten-Rezepte
von Seite 90. Sämiger Risotto
dagegen braucht ein wenig
Zeit. Das Ergebnis allerdings ist
sonntagsfein und darüber
hinaus absolut gästetauglich!

Grundrezept

TOMATENSAUCE

30 Min. Zubereitung
pro Portion ca. 135 kcal, 3 g EW, 10 g F, 7 g KH

FÜR 4 PORTIONEN
1 große Zwiebel (oder 2 kleine)
2 Knoblauchzehen
4 EL Olivenöl
1 EL Tomatenmark
1 große Dose stückige Tomaten (800 g)
Salz

1 Die Zwiebel und den Knoblauch schälen und fein hacken. Das Öl in einem Topf erhitzen. Zwiebel und Knoblauch darin 1 Min. bei mittlerer Hitze anbraten. Das Tomatenmark dazugeben und 1 Min. unter Rühren mitbraten.

2 Die Tomaten in den Topf geben. Die Sauce aufkochen und 20 Min. bei schwacher Hitze kochen lassen, gelegentlich umrühren.

3 Die Sauce salzen und abkühlen lassen. In vier Portionen aufteilen. Was Sie davon nicht in den nächsten 4–5 Tagen verbrauchen, frieren Sie am besten in kleinen Plastikdosen oder Gefrierbeuteln ein (hält ca. 6 Monate).

Zubereitungstipp

Lassen Sie zusätzliche **Gewürze** wie z. B. Pfeffer, Thymian, Rosmarin etc. fürs Erste weg. So haben Sie eine neutrale Grundsauce, die Sie je nach Rezept abwandeln können.

Weitere Rezepte mit Tomatensauce aus dem Vorrat:

Tomaten-Kokos-Suppe **46**
Lasagne **92**
Spaghetti mit Hackklößchen **116**

Varianten

Für eine schnelle **Tomatensuppe** 150 ml Gemüsebrühe (Instant) aufkochen. 1 Portion der eingefrorenen Tomatensauce dazugeben und unter gelegentlichem Rühren auftauen lassen. Wer Schärfe mag, gibt 1/4 TL Harissa (siehe S. 11) dazu. 2 Stängel Basilikum waschen und trocken schütteln, die Blätter grob schneiden. Wenn die Suppe 2 Min. gekocht hat, den Topf vom Herd nehmen. Basilikum und 1 TL Butter unterrühren. Mit 1 EL frisch geriebenem Parmesan bestreuen.

Für **Pasta mit Hackfleischsauce** 1 Portion Tomatensauce auftauen lassen. 1 kleine Zwiebel schälen und fein hacken. 1 kleine Möhre schälen und grob raspeln. Parallel die Nudeln kochen (Spaghetti, Penne oder Spiralnudeln). In einer mittelgroßen Pfanne 1 EL Olivenöl erhitzen, die Zwiebel darin anbraten. 100 g Hackfleisch (Rinderhack oder gemischtes Hack; siehe Tipp S. 116) dazugeben und in 2–3 Min. krümelig braten. Möhre und 1/3 TL getrockneten Thymian dazugeben und noch 1 Min. weiterbraten. Die Tomatensauce unterrühren und das Ganze bei schwacher Hitze schmoren lassen, bis die Nudeln fertig sind. Nudeln in ein Sieb abgießen, abtropfen lassen und unter die Sauce mischen. Für eine sehr aromatische Saucenvariante verwenden Sie 100 g **Lammhack,** braten mit der Zwiebel 1 gehackte Knoblauchzehe an und würzen statt mit Thymian mit je 1/4 TL gemahlenem Kreuzkümmel (Cumin), Koriander und Zimtpulver.

Für **Schnitzel alla pizzaiola** geben Sie 1 Portion der gefrorenen Tomatensauce mit 2 EL Wasser in einen Topf. Tauen Sie sie bei schwacher Hitze auf und rühren Sie sie gelegentlich um. 7–8 schwarze Oliven und 1/3 TL getrockneten Oregano dazugeben und einige Min. köcheln lassen. Inzwischen 1 Putenschnitzel (ca. 150 g) kalt abspülen, trocken tupfen, salzen und pfeffern. 1/2 EL Olivenöl in einer Pfanne erhitzen. Das Schnitzel darin von jeder Seite 2 Min. braten. Die Tomatensauce dazugießen und das Schnitzel zugedeckt weitere 3–4 Min. in der Sauce ziehen lassen. Dazu schmecken Spaghetti oder einfach ein Stück Ciabatta, um die leckere Sauce aufzustippen.

supereinfach und schnell

TORTELLINI MIT KNOBLAUCHSAHNE

12 Min. Zubereitung · Bild oben
ca. 530 kcal, 17 g EW, 20 g F, 64 g KH

125 g Tortellini (Kühlregal; Füllung nach Wunsch)
1 Tomate oder 3 Kirschtomaten
4 EL Sahne
1 Knoblauchzehe (siehe S. 11)
Salz · Cayennepfeffer
1 EL frisch geriebener Parmesan

1 Die Tortellini nach Packungsangabe kochen.

2 Inzwischen die Tomate oder die Kirschtomaten waschen und ohne Stielansatz klein würfeln. Mit der Sahne (Rest siehe S. 14) in einer kleinen Pfanne aufkochen. Knoblauch schälen und dazupressen. Mit Salz und Cayennepfeffer würzen.

3 Die Tortellini abgießen, zur Sauce geben und mit Parmesan (Rest siehe S. 14) bestreuen.

- -

Weitere Rezepte mit Tortellini aus dem Kühlregal:
Tortellinisalat **27**
Tortellini in brodo **46**

Klassiker

SPAGHETTINI MIT THUNFISCHSAUCE

12 Min. Zubereitung · Bild unten links
ca. 595 kcal, 26 g EW, 20 g F, 79 g KH

Salz · 100 g Spaghettini
1 kleine Zwiebel · 1 EL Olivenöl
1 EL Tomatenmark
1 Dose Thunfisch (naturell, 56 g Abtropfgewicht)
1 EL kleine Kapern (aus dem Glas)
Pfeffer
2–3 Stängel Petersilie

1 Wasser aufkochen, salzen und die Spaghettini darin in ca. 7 Min. bissfest kochen.

2 Inzwischen die Zwiebel schälen und fein hacken. Das Öl in einer mittelgroßen Pfanne erhitzen, Zwiebel und Tomatenmark darin 2 Min. unter Rühren anbraten. Thunfisch samt Saft und Kapern dazugeben und alles 3 Min. bei mittlerer Hitze köcheln lassen. Mit Salz und Pfeffer abschmecken.

3 Petersilie waschen und trocken schütteln, die Blätter fein schneiden (Rest siehe S. 10). Nudeln abgießen, abtropfen lassen, mit der Petersilie zur Sauce geben und kurz durchschwenken.

edel

TAGLIATELLE MIT LACHS

12 Min. Zubereitung · Bild unten rechts
ca. 830 kcal, 40 g EW, 23 g F, 100 g KH

Salz · 100 g Tagliatelle
125 g TK-Lachsfilet (aufgetaut)
1 Bio-Zitrone
1 TL Butter
5 EL Sahne
2 EL TK-Erbsen · Pfeffer

1 In einem Topf Wasser aufkochen, salzen und die Tagliatelle darin in ca. 5 Min. bissfest kochen. Das Lachsfilet waschen, trocken tupfen und in 2 cm große Würfel schneiden. Die Zitrone heiß abwaschen, 1 TL Schale fein abreiben und 2 EL Saft auspressen (Rest siehe S. 10).

2 In einer Pfanne die Butter schmelzen und den Lachs 1 Min. bei mittlerer Hitze anbraten, dann salzen. Zitronenschale, Sahne (Rest siehe S. 14) und (unaufgetaute) Erbsen dazugeben. 3 Min. bei schwacher Hitze zugedeckt ziehen lassen. Mit Zitronensaft, Salz und Pfeffer würzen. Nudeln durch ein Sieb abgießen, abtropfen lassen und untermischen.

- -

Weitere Rezepte mit Lachsfilet:
Lachstartelette **38**
Lachs auf Blattspinat **108**

Kaum ist die Pasta fertig,
wartet auch schon die
Sauce auf ihren Auftritt.
In zwölf Minuten nach
Italien – schneller ging's
noch nie.

Klassiker

LASAGNE

30 Min. Zubereitung · 25 Min. Backen
ca. 990 kcal, 47 g EW, 68 g F, 42 g KH

FÜR DIE FLEISCHSAUCE:
1 EL Olivenöl
100 g Rinderhackfleisch
1 Portion Tomatensauce
   (Rezept S. 88, aufgetaut)
Salz · Pfeffer
1 Prise getrockneter Thymian

FÜR DIE BÉCHAMELSAUCE:
1 EL Butter
1 EL Mehl
125 ml Milch
Salz · Pfeffer
frisch geriebene Muskatnuss

AUSSERDEM:
1/2 Kugel Mozzarella (62 g)
3 Blätter Lasagne (ohne Vorkochen)
etwas Olivenöl für die Form

1 Das Öl in einer mittelgroßen Pfanne erhitzen, das Hackfleisch darin in 3–4 Min. unter Rühren krümelig braten. Die Tomatensauce dazugeben, aufkochen lassen und mit Salz, Pfeffer und Thymian würzen. Die Fleischsauce beiseitestellen.

2 Für die Béchamelsauce die Butter in einem kleinen Topf schmelzen lassen und das Mehl darin unter Rühren 1 Min. hell anschwitzen. Die Milch nach und nach zugießen, dabei kräftig mit dem Schneebesen rühren, damit keine Klümpchen entstehen. 3–4 Min. weiterkochen lassen. Mit Salz, Pfeffer und Muskat würzen.

3 Den Mozzarella in Scheiben schneiden (der Rest hält sich, in einem Schraubglas mit Wasser bedeckt, 2–3 Tage im Kühlschrank).

4 Den Backofen auf 200° vorheizen. Eine Auflaufform (14 cm Ø) mit Öl ausstreichen. Die Nudelblätter vorsichtig in der Mitte durchbrechen, sodass sie in die Form passen.

5 Ein Nudelblatt in die Form legen. 1 EL Hackfleischsauce darauf verstreichen und 1 EL Béchamelsauce darüberträufeln. Mit einem Nudelblatt abdecken und Schicht für Schicht so fortfahren. Mit Béchamelsauce abschließen und zuletzt die Mozzarallascheiben darauflegen.

6 Die Lasagne in den heißen Ofen schieben (Mitte, Umluft 180°) und in ca. 25 Min. goldbraun backen.

Aufbewahrungstipp

Hackfleisch sollte noch am Tag des Kaufs zubereitet werden. Eine größere Menge frieren Sie am besten in 100-g-Portionen flach gedrückt in Gefriertüten ein (siehe auch S. 116).

Variante

*Für eine **Lachslasagne** lassen Sie 1/2 Packung TK-Blattspinat (225 g) und 125 g TK-Lachsfilet auftauen. Den Spinat gut ausdrücken und grob schneiden. Das Lachsfilet kalt abwaschen, mit Küchenpapier trocken tupfen und ca. 1 cm groß würfeln. Die Béchamelsauce mit 2 EL Zitronensaft und 1/2 TL abgeriebener Bio-Zitronenschale verfeinern (Rest siehe S. 10). 2 Lasagneblätter mittig durchbrechen. Die Auflaufform mit 1 TL Butter ausstreichen, 1/2 Lasagneblatt einlegen. Ein Drittel des Spinats darauf verteilen, salzen und pfeffern. Ein Drittel der Lachswürfel daraufgeben und ein Viertel der Zitronen-Béchamelsauce darüberträufeln. So fortfahren, mit Nudelblatt und übriger Sauce abschließen. 2 TL Butter in Flöckchen darauf verteilen und wie oben beschrieben backen.*

Weitere Rezepte mit Hackfleisch:

Hackfleischsauce **88**
Spaghetti mit Hackklößchen **116**
Köfte **116**
Asiatische Hackbällchen **116**

Weitere Rezepte mit Mozzarella:

Caprese-Sandwich **40**
Auberginen-Parmigiana **84**
Spaghetti mit Hackklößchen **116**
Putenröllchen **124**

wandelbar nach Vorratslage

GEBRATENE NUDELN

20 Min. Zubereitung (mit gekochten Nudeln)
ca. 535 kcal, 28 g EW, 25 g F, 50 g KH

120 g Brokkoli · Salz
2 Frühlingszwiebeln
2 Scheiben gekochter Schinken
1 EL Butter
120 g gekochte Spiralnudeln
  (aus 60 g getrockneten Nudeln)
4 EL Sahne
Pfeffer

1 Brokkoli in kleine Röschen teilen, waschen und putzen (der Rest hält sich im Gemüsefach des Kühlschranks ca. 3 Tage; siehe Tipp S. 132). In kochendem Salzwasser 5 Min. blanchieren, abgießen und abtropfen lassen.

2 Inzwischen Frühlingszwiebeln putzen, waschen und – weißen und grünen Teil separat – in Ringe schneiden (Rest siehe S. 10).

3 Den Kochschinken in Streifen schneiden (Rest hält sich im Kühlschrank ca. 2 Tage – für Schinkenbrote aufbrauchen).

4 Die Butter in einer Pfanne schmelzen. Das Weiße der Frühlingszwiebeln und den Schinken darin 1 Min. anbraten. Nudeln und Brokkoli dazugeben und 3 Min. unter Rühren braten.

5 Die Sahne (Rest siehe S. 14) hinzufügen, das Ganze mit Salz und Pfeffer würzen und zugedeckt bei mittlerer Hitze 2 Min. köcheln lassen. Mit Frühlingszwiebelgrün bestreuen.

Weiteres Rezept mit Brokkoli:
Rehrückenfilet mit Wacholderrahm **132**

leckere Resteverwertung

NUDELTORTILLA

20 Min. Zubereitung (mit gekochten Nudeln)
ca. 570 kcal, 26 g EW, 29 g F, 50 g KH

1 dünne Stange Lauch · 100 g Champignons
1 kleine Knoblauchzehe (siehe S. 11)
1/2 große rote Chilischote (nach Belieben, s. S. 11)
1 1/2 EL neutrales Öl
120 g gekochte Nudeln
  (aus 60 g getrockneten Nudeln)
2 Eier · Salz

1 Den Lauch putzen, gründlich waschen und in Ringe schneiden. Die Pilze putzen, trocken abreiben und in Scheiben schneiden. Die Knoblauchzehe schälen und fein hacken. Die Chilihälfte, falls verwendet, waschen, entkernen und fein schneiden.

2 1 EL Öl in einer kleinen Pfanne erhitzen. Lauch, Pilze, Knoblauch und evtl. Chili darin 3 Min. bei starker Hitze braten. Nudeln dazugeben und 1 Min. unter Rühren erwärmen.

3 Die Eier in einer Schüssel mit 1 kräftigen Prise Salz verrühren. Den Pfanneninhalt hineingeben und unterrühren. Die Pfanne auswischen, übriges Öl darin erhitzen, die Eier-Nudel-Mischung wieder hineingeben und 3 Min. bei mittlerer Hitze braten. Nudeltortilla wenden und auf der anderen Seite in 3 Min. fertig braten.

Weitere Rezepte mit Champignons:

Spargel-Pilz-Tortilla **80**
Spätzle mit Pilzrahm **96**
Pilzrisotto **102**
Filet im Blätterteig **126**

Herbst-Klassiker

SPÄTZLE MIT PILZRAHM

20 Min. Zubereitung
ca. 490 kcal, 17 g EW, 26 g F, 47 g KH

200 g Champignons
1 kleine Zwiebel
1/2 Bund Petersilie
1 EL Butterschmalz
1/4 TL getrockneter Thymian
4 EL Sahne
200 g Spätzle (aus dem Kühlregal)
Salz · Pfeffer

1 Die Champignons putzen, trocken abreiben und in Scheiben schneiden. Die Zwiebel schälen und fein hacken. Die Petersilie waschen und trocken schütteln. Die Blätter abzupfen und fein schneiden (Rest siehe S. 10).

2 1/2 EL Butterschmalz in einer Pfanne erhitzen, die Zwiebel darin 1 Min. glasig anbraten. Pilze und Thymian dazugeben, 2 Min. mitbraten. Mit der Sahne (Rest siehe S. 14) ablöschen und zugedeckt bei schwacher Hitze 4–5 Min. köcheln lassen.

3 Inzwischen in einer zweiten Pfanne das übrige Butterschmalz erhitzen und die Spätzle darin unter Rühren 2–3 Min. braten. Die Petersilie unter die Pilzsauce rühren und diese mit Salz und Pfeffer abschmecken. Mit den Spätzle anrichten.

Restetipp
*Übrige **Spätzle** verbrauchen Sie in den nächsten drei Tagen für **Käsespätzle 97** oder als Beilage zu einem Fleischgericht mit Sauce wie **Rehrückenfilet mit Wacholderrahm 132**.*

Weitere Rezepte mit Champignons:

schmecken nicht nur auf Berghütten

KÄSESPÄTZLE

15 Min. Zubereitung
ca. 665 kcal, 22 g EW, 27 g F, 80 g KH

1 große Zwiebel · 4 EL Milch
300 g Spätzle (aus dem Kühlregal)
2 EL geriebener Gratinkäse
  (am besten würziger Bergkäse)
1 EL Butterschmalz · 2 EL Mehl
Salz · Pfeffer (nach Belieben)
etwas Butter für die Form

1 Den Backofen auf 180° (Umluft 160°) vorheizen. Zwiebel schälen, in Ringe schneiden, mit der Milch mischen. Eine Auflaufform (14 cm Ø) mit Butter fetten. Spätzle und Käse mischen und in die Form füllen (den Rest Käse im Beutel einfrieren).

2 Die Spätzle in den Ofen schieben (Mitte) und 10 Min. backen, bis der Käse schmilzt.

3 Butterschmalz in einer Pfanne erhitzen. Zwiebelringe abtropfen lassen, im Mehl wenden und in der Pfanne verteilen. In 5–7 Min. bei mittlerer Hitze goldbraun braten, ab und zu wenden. Salzen und auf die Käsespätzle geben. Nach Belieben bei Tisch nachsalzen und pfeffern.

- -

Weiteres Rezept mit Spätzle:
Spätzle mit Pilzrahm **96**

Weitere Rezepte mit geriebenem Gratinkäse:
Überbackener Blumenkohl **82**
Kartoffel-Spinat-Gratin **83**
Reisplätzchen **98**

Grundrezepte

REIS ALS BEILAGE

25–50 Min. Zubereitung
Langkornreis ca. 245 kcal, 4 g EW, 5 g F, 47 g KH
Naturreis ca. 255 kcal, 4 g EW, 6 g F, 47 g KH
Basmatireis ca. 200 kcal, 4 g EW, 0 g F, 48 g KH

FÜR KÖRNIGEN LANGKORNREIS:
60 g Langkornreis
Salz · 1 TL Butter

FÜR NATURREIS:
60 g Naturreis
1 TL neutrales Öl
150 ml Gemüsebrühe (Instant)

FÜR BASMATIREIS:
60 g Basmatireis

1 Den **Langkornreis** mit 150 ml Wasser und 1 Prise Salz in einen Topf geben und aufkochen lassen. Dann zugedeckt bei schwacher Hitze ohne Umrühren in ca. 20 Min. ausquellen lassen. Zuletzt die Butter untermischen. Variante: Mit 1 EL gehacktem Dill oder Petersilie wird daraus Kräuterreis.

2 Den **Naturreis** in einem Sieb gründlich waschen und abtropfen lassen. Das Öl in einem Topf erhitzen, den Reis darin 1 Min. unter Rühren anbraten. Mit der Gemüsebrühe ablöschen und zugedeckt bei schwacher Hitze in ca. 45 Min. ausquellen lassen, gelegentlich umrühren.

3 Den **Basmatireis** in einem Sieb unter fließendem kaltem Wasser gründlich waschen, bis das Wasser klar abfließt. Mit 150 ml Wasser in einen Topf geben, aufkochen lassen und zugedeckt ohne Umrühren in ca. 15 Min. bei schwacher Hitze ausquellen lassen.

Tipps

Gekochter Reis hält sich zugedeckt im Kühlschrank 4–5 Tage und lässt sich auch prima einfrieren. Sie können also gleich die doppelte oder dreifache Menge zubereiten und die Reste aufheben. Eine interessante Alternative für Eilige: **Expressreis** für die Mikrowelle, der in nur 2–3 Min. auf dem Tisch steht. Den gibt es sogar in Bioqualität. Verwenden Sie ihn direkt aus der Packung z. B. für den **Gebratenen Reis 100** oder die **Reispfanne mit Garnelen 101** (jeweils 1/2 Packung, 125 g).

Restetipps

Es ist eine Portion Reis übrig, und Sie haben gerade keine Lust auf Reispfanne? Wie wäre es dann beispielsweise mit **Reisplätzchen?** 1 Portion gekochten Langkorn- oder Basmatireis (120 g) in einer Schüssel mit 1 fein gehackten Knoblauchzehe, 1 geputzten und fein geschnittenen Frühlingszwiebel sowie 1 EL geriebenem Gratinkäse (Rest im Beutel einfrieren) und 1 kleinen Ei verrühren. Mit Salz und Pfeffer würzen. In einer mittleren Pfanne 1 EL neutrales Öl erhitzen. Mit einem Esslöffel aus der Masse drei Häufchen mit etwas Abstand in die Pfanne setzen und zu 1 cm dicken Plätzchen flach drücken. Von jeder Seite ca. 3 Min. braten, bis sie goldbraun und knusprig sind und der Käse geschmolzen ist. Dazu schmeckt gemischter Salat.
Für einen **Bunten Reissalat** in einer Schüssel 1 EL Zitronensaft (Rest siehe S. 10) mit 1/2 TL mittelscharfem Senf und je 1 Prise Salz und Pfeffer verrühren und 2 EL neutrales Pflanzenöl unterschlagen. 1 rote oder gelbe Paprikaschote putzen, waschen und klein würfeln. 5 Kirschtomaten waschen und vierteln. 1 kleine Dose Thunfisch (in Öl, 56 g Abtropfgewicht) abtropfen lassen und zerpflücken. Alles mit ein paar schwarzen Oliven und 1 Portion gekochtem Langkornreis (120 g) vermischen. Vor dem Essen mindestens 1 Std. zugedeckt durchziehen lassen.

asiatisch

GEBRATENER REIS

25 Min. Zubereitung (mit gegartem Reis)
ca. 505 kcal, 30 g EW, 13 g F, 66 g KH

100 g Hähnchenbrustfilet
2 Scheiben frische Ananas (ca. 100 g)
1 kleine Zwiebel
1 kleine Knoblauchzehe (siehe S. 11)
1 Stück frischer Ingwer (ca. 1 cm, siehe S. 10)
1/2 große rote Chilischote (siehe S. 11)
1 EL neutrales Öl
120 g gekochter Reis (Langkorn- oder
 Basmatireis, aus 60 g rohem Reis)
2–3 Stängel Koriandergrün (nach Belieben)
2 EL helle Sojasauce

1 Das Hähnchenbrustfilet kalt abwaschen, mit Küchenpapier trocken tupfen und in feine Streifen schneiden. Die Ananas schälen, den Strunk entfernen, das Fruchtfleisch klein würfeln. Die Zwiebel schälen und in Spalten schneiden. Knoblauch und Ingwer schälen und fein hacken. Chili waschen und in Ringe schneiden. (Aufbewahrungstipps für restliche Ananas und Hähnchenbrust siehe S. 28)

2 Das Öl in einer mittelgroßen Pfanne erhitzen. Das Hähnchenfleisch mit Zwiebel, Knoblauch, Ingwer und Chili 2–3 Min. bei starker Hitze braten. Den Reis dazugeben und 3 Min. unter Rühren mitbraten. Ananas unterrühren und 2 Min. erwärmen.

3 Falls verwendet, das Koriandergrün waschen und trocken schütteln, Blätter abzupfen und grob hacken (Rest siehe S. 28). Den gebratenen Reis mit der Sojasauce würzen und das Koriandergrün untermischen.

- -

Weitere Rezepte mit Ananas:

Garnelencurry mit Ananas **110**
Tomatenschnitzel mit Ananas **118**
Ananas mit Mandeln **150**

Weitere Rezepte mit Hähnchenbrustfilet:

Orientalische Hühnersuppe **56**
Hähnchentopf mit Zucchini **60**
Gefüllte Hähnchenbrust **134**

schnell und edel

REISPFANNE MIT GARNELEN

20 Min. Zubereitung (mit gegartem Reis)
ca. 400 kcal, 15 g EW, 15 g F, 50 g KH

4 Riesengarnelen (ca. 80 g, aufgetaut)
1 Frühlingszwiebel · 1 Tomate
1 kleine Knoblauchzehe (siehe S. 11)
1 EL neutrales Öl
120 g gekochter Reis (Langkorn- oder
   Basmatireis, aus 60 g rohem Reis)
Salz · Pfeffer · 2 Stängel Dill · 1 TL Butter

1 Garnelen schälen, längs halbieren, vom Darm befreien, waschen und trocken tupfen. Frühlingszwiebel putzen, waschen, fein schneiden. Tomate waschen, quer halbieren, entkernen und ohne Stielansatz würfeln. Knoblauch schälen und fein hacken.

2 Das Öl in einer Pfanne erhitzen. Garnelen und Knoblauch darin 2 Min. unter Rühren anbraten, herausnehmen. Frühlingszwiebeln und Reis in der Pfanne 3 Min. unter Rühren braten. Garnelen und Tomate unterrühren, salzen und pfeffern. Zugedeckt 2 Min. bei schwacher Hitze erwärmen. Den Dill waschen und trocken schütteln, die Spitzen fein schneiden. Zusammen mit der Butter in die Reispfanne rühren. Dazu schmeckt Gurkensalat.

Weitere Rezepte mit Riesengarnelen:
Garnelensalat mit Ananas **28**
Garnelensandwich **40**
Brasilianischer Fischtopf **58**
Lachs-Garnelen-Spieße **112**

Frühlingsgericht

SAFRANRISOTTO MIT SPARGEL

45 Min. Zubereitung
ca. 525 kcal, 11 g EW, 21 g F, 73 g KH

250 g weißer Spargel
Salz · Zucker
1 Döschen Safranfäden (0,1 g)
1 Schalotte
1 EL neutrales Öl
80 g Risottoreis (Arborio oder Vialone)
4 EL Weißwein (nach Belieben)
1 EL Butter
1 EL frisch geriebener Parmesan
1–2 EL Zitronensaft

1 Den Spargel schälen, die Enden abschneiden, die Stangen schräg in ca. 2 cm lange Stücke schneiden. In einem Topf 300 ml Wasser mit je 1/4 TL Salz und Zucker aufkochen, den Spargel hinzufügen und in 4 Min. bissfest kochen. Die Spargelstücke mit einem Schaumlöffel herausheben und beiseitelegen. Den Safran im heißen Kochwasser auflösen.

2 Die Schalotte schälen und fein hacken. Das Öl in einem Topf erhitzen und die Schalotte darin bei mittlerer Hitze in 1 Min. glasig anbraten.

3 Den Reis hinzufügen und 1 Min. mitbraten. Mit Wein (falls nicht verwendet: 1 Schöpfkelle Safranbrühe) ablöschen und einkochen lassen, bis kaum noch Flüssigkeit vorhanden ist. Dann 1 Schöpfkelle Safranbrühe hinzufügen und erneut einkochen lassen. So weiter fortsetzen und den Risotto dabei regelmäßig umrühren.

4 Nach 20 Min. sollten Sie den Reis regelmäßig probieren (gesamte Garzeit 22–25 Min.): Er soll noch ein wenig Biss haben, darf aber nicht hart sein. Wenn er fertig ist, die Spargelstückchen und noch 2 EL Brühe unterrühren und alles zugedeckt 2 Min. ziehen lassen. Butter und geriebenen Parmesan unterrühren und den Risotto mit Salz und Zitronensaft abschmecken (falls Sie keinen Wein verwenden, evtl. etwas mehr Zitronensaft zugeben).

Weiteres Rezept mit weißem Spargel:
Spargelsalat mit Kresse **31**

Varianten

Für **Tomaten-Fenchel-Risotto** *1 Strauchtomate mit kochendem Wasser überbrühen, häuten, entkernen und in Spalten schneiden, den Stielansatz dabei entfernen. 1 kleine Fenchelknolle (ca. 150 g) putzen, waschen, längs halbieren und die Hälften in feine Spalten schneiden (das Fenchelgrün für die Garnitur beiseitelegen).*
Wie beschrieben aus 1 EL neutralem Öl, 1 gehackten Schalotte, 80 g Risottoreis und 4 EL Weißwein (nach Belieben) unter allmählicher Zugabe von 300 ml heißer Gemüsebrühe (Instant) unter ständigem Rühren einen Risotto kochen. Parallel in einer Pfanne 1 EL Butter schmelzen lassen. Den Fenchel darin 2–3 Min. unter Rühren braten, dann 4–5 Min. zugedeckt bei schwacher Hitze weich dünsten, salzen und pfeffern. Wenn der Reis fertig ist, Fenchel, Tomate und 2 EL Brühe darunterrühren und alles 2 Min. zugedeckt ziehen lassen. 1 EL frisch geriebenen Parmesan unterrühren. Das Fenchelgrün fein hacken und aufstreuen.
Für **Pilzrisotto** *1 EL getrocknete Steinpilze 30 Min. in 300 ml warmer Gemüsebrühe (Instant) einweichen. 1 Schalotte und 1 kleine Knoblauchzehe (siehe S. 11) schälen und fein hacken. 200 g Champignons oder Egerlinge putzen, trocken abreiben und in Scheiben schneiden. Eingeweichte Pilze ausdrücken und fein hacken. Die Brühe in einen Topf abgießen (evtl. durch ein feines Sieb, falls die Pilze sandig waren) und erhitzen.*
In einem weiteren Topf 1 EL Öl erhitzen. Schalotte und Knoblauch darin 1 Min. anbraten. 80 g Risottoreis hinzufügen und 1 Min. mitbraten. Wie beschrieben, einen Risotto kochen und immer wieder Brühe zugeben. Währenddessen die frischen Pilze in 1 EL Butter 2–3 Min. anbraten. Mit Salz, Pfeffer und 1 Prise getrocknetem Thymian abschmecken. Mit 1 EL gehackter Petersilie und 2 EL Brühe unter den fertigen Risotto rühren, alles zugedeckt 2 Min. ziehen lassen. Mit Parmesan bestreuen.

Fisch & Fleisch

Allen, die bei Sonntagsessen nur an den Zehn-Personen-Braten denken, hat dieses Kapitel eine Menge single-tauglicher Überraschungen zu bieten: Pfefferfisch oder Garnelencurry, Saltimbocca oder Rehrückenfilet eignen sich perfekt als Festmahl für eine Person. Und wer hätte gedacht, dass es sogar ein klassisches Filet Wellington im kleinen Format gibt? Aber da die Woche nicht nur aus Sonntagen besteht, finden Sie hier auch jede Menge Genuss-Rezepte, die im Alltag schnell gekocht sind.

mit milder Schärfe

PFEFFERFISCH MIT FENCHEL

25 Min. Zubereitung
ca. 340 kcal, 26 g EW, 25 g F, 6 g KH

1 kleine Fenchelknolle (ca. 150 g)
1 kleine Zwiebel
1 TL Butter
1 1/2 EL neutrales Öl
150–200 g Fischfilet (z. B. Pangasius oder
    Seelachs, frisch oder TK und aufgetaut)
Salz · 1 TL rosa Pfeffer (Schinus)
abgeriebene Schale von 1/2 Bio-Zitrone
Zitronenschnitz zum Servieren

1 Vom Fenchel das Grün abschneiden und beiseitelegen. Die Knolle waschen, putzen, längs halbieren und die Hälften längs in dünne Spalten schneiden. Die Zwiebel schälen, ebenfalls längs halbieren und in Spalten schneiden.

2 Butter und 1/2 EL Öl in einer Pfanne erhitzen. Fenchel und Zwiebel hineingeben und bei mittlerer Hitze 3 Min. anbraten. 2 EL Wasser hinzufügen und den Fenchel zugedeckt in 6–7 Min. bei schwacher Hitze weich dünsten.

3 Inzwischen das Fischfilet mit kaltem Wasser abspülen, mit Küchenpapier trocken tupfen und auf beiden Seiten salzen. Den Pfeffer im Mörser grob zerstoßen (oder in einen Gefrierbeutel geben und mit dem Nudelholz darüberrollen). Mit der Zitronenschale vermischen (Rest Zitrone siehe S. 10), auf einer Fischfiletseite verteilen, gut andrücken.

4 Das restliche Öl in einer zweiten Pfanne erhitzen. Das Fischfilet darin auf der gepfefferten Seite ca. 3 Min. anbraten. Dann vorsichtig wenden und in weiteren ca. 3 Min. fertig braten.

5 Das Fenchelgrün fein hacken und zum Fenchel geben, salzen. Gemüse und Fischfilet mit Zitronenschnitz anrichten.

Varianten

*Wer ein sanfteres Aroma bevorzugt, bereitet zum Fenchelgemüse **Sesamfisch** zu: Das Fischfilet salzen, mit einer Seite in 1 EL Sesamsamen drücken und diese gut andrücken. Auf dieser Seite im Öl 3–4 Min. anbraten, bis die Sesamsamen goldbraun und knusprig sind. Vorsichtig wenden und in 2–3 Min. fertig garen.*
*Als Beilage schmecken zu beiden Versionen auch **Korianderlinsen** ganz köstlich: 1 Frühlingszwiebel putzen, waschen und – weiße und grüne Teile getrennt – fein schneiden. 1 Knoblauchzehe schälen und fein hacken. 1 TL Öl in einem kleinen Topf erhitzen, das Weiße der Frühlingszwiebel und den Knoblauch darin 1 Min. anbraten. 60 g rote Linsen hinzufügen und 1 Min. unter Rühren mitbraten. 125 ml Gemüsebrühe (Instant) angießen, aufkochen lassen und die Linsen zugedeckt bei schwacher Hitze 12 Min. garen, gelegentlich umrühren. 3–4 Stängel Koriandergrün waschen und trocken schütteln, die Blätter abzupfen und grob hacken. Mit dem Frühlingszwiebelgrün unter die fertigen Linsen mischen und mit Salz, Pfeffer und 1–2 TL Zitronen- oder Limettensaft (siehe S. 10) würzig abschmecken.*

Praxistipp

*Zum **Auftauen** geben Sie das Fischfilet auf einen Teller und lassen es am besten langsam, d. h. zugedeckt, über Nacht im Kühlschrank auftauen. Dafür ist es schon zu spät? Bei Zimmertemperatur dauert das Auftauen ca. 2 Std. Wenn es besonders eilt, bereiten Sie das Fischfilet einfach in einer Sauce zu (z. B. **Fisch in Senfsahne 108** oder **Fisch mit Gurkensauce 108**). Die Filets kurz antauen lassen, dann würzen, in die Sauce legen und zugedeckt bei schwacher Hitze in ca. 10 Min. gar ziehen lassen. Nach der Hälfte der Zeit wenden.*

Weitere Rezepte mit TK-Fischfilet:

Feines für Sonntage

LACHS AUF BLATTSPINAT

12 Min. Zubereitung · Bild oben
ca. 365 kcal, 30 g EW, 11 g F, 18 g KH

1 Schalotte · 1 TL Butter
1/2 Packung TK-Blattspinat (225 g, aufgetaut)
125 g TK-Lachsfilet (aufgetaut)
Salz · Pfeffer
1 TL neutrales Öl
frisch geriebene Muskatnuss
1 EL Zitronensaft (nach Belieben)

1 Die Schalotte schälen, fein hacken und in einem kleinen Topf in der Butter in 2 Min. glasig anbraten. Den Spinat (weitere Rezepte siehe S. 50) dazugeben und zugedeckt bei mittlerer Hitze erwärmen, dabei gelegentlich umrühren.

2 Inzwischen das Lachsfilet kalt abspülen, trocken tupfen, salzen und pfeffern. Das Öl in einer kleinen Pfanne erhitzen, den Fisch darin bei mittlerer Hitze von jeder Seite 3 Min. braten.

3 Den Spinat mit Salz, Pfeffer und Muskat würzen und auf einen Teller geben. Das Lachsfilet daraufsetzen. Nach Belieben mit etwas Zitronensaft beträufeln (Rest siehe S. 10).

gelingt ganz leicht

FISCH IN SENFSAHNE

12 Min. Zubereitung · Bild unten links
ca. 335 kcal, 38 g EW, 18 g F, 4 g KH

200 g TK-Fischfilet (z. B. Seelachs, aufgetaut)
Salz · 1 EL Zitronensaft
5 EL Sahne
5 EL Weißwein (oder Gemüsebrühe)
1 TL mittelscharfer Senf
1 kleine Knoblauchzehe (siehe S. 11)
1 TL getrockneter Estragon

1 Das Fischfilet abspülen, trocken tupfen, salzen und mit dem Zitronensaft beträufeln (Rest siehe S. 10). Sahne (Rest siehe S. 14), Weißwein oder

Brühe und Senf in einer Pfanne aufkochen lassen. Den Knoblauch schälen und dazupressen. Estragon hinzufügen und die Sauce 3 Min. bei starker Hitze einkochen lassen. Mit Salz abschmecken.

2 Das Fischfilet einlegen und bei schwacher Hitze zugedeckt 3 Min. ziehen lassen. Vorsichtig wenden und in 2 Min. gar ziehen lassen. Dazu schmecken Pellkartoffeln.

einfach

FISCH MIT GURKENSAUCE

12 Min. Zubereitung · Bild unten rechts
ca. 235 kcal, 37 g EW, 8 g F, 2 g KH

100 ml Fischfond (ersatzweise Gemüsebrühe, Instant)
1 EL Crème fraîche
1 EL gehackter Dill (frisch oder TK)
1 Stück Salatgurke (ca. 5 cm)
200 g TK-Fischfilet (z. B. Seelachs, aufgetaut)
Salz · Pfeffer

1 Fischfond (Rest siehe S. 15) und Crème fraîche in einer mittelgroßen Pfanne erhitzen und 3 Min. bei starker Hitze einkochen lassen. Dill unterrühren.

2 Inzwischen die Gurke schälen und längs halbieren, die Kerne herausschaben, das Fruchtfleisch in ganz kleine Würfelchen schneiden (Rest siehe S. 24).

3 Das Fischfilet kalt abspülen, mit Küchenpapier trocken tupfen, salzen und pfeffern. In die Sauce legen und die Gurkenwürfelchen darum herum verteilen. In 5 Min. zugedeckt bei schwacher Hitze gar ziehen lassen, dabei einmal vorsichtig wenden. Dazu schmeckt **Reis 98.**

Weitere Rezepte mit TK-Lachs und anderem Fischfilet:

Mildwürziger Spinat,
pikante Senfsauce
und frische Gurke:
Mit diesen kulinarischen
Lieblingspartnern laufen
zarte Fischfilets zu
Hochform auf!

thailändisch inspiriert

GARNELENCURRY MIT ANANAS

25 Min. Zubereitung
ca. 640 kcal, 19 g EW, 47 g F, 31 g KH

5 TK-Riesengarnelen (ca. 125 g, aufgetaut)
2 Scheiben frische Ananas
    (ca. 100 g Fruchtfleisch)
1/2 rote Paprikaschote
50 g Zuckerschoten
2–3 Frühlingszwiebeln
200 ml Kokosmilch (Dose oder Packung)
1–2 TL rote Thai-Currypaste (Asienladen)
3 Limettenblätter
    (nach Belieben, siehe Tipps)
1 EL helle Sojasauce (wahlweise Fischsauce)
1/2 TL Zucker (wahlweise Palmzucker)
1–2 EL Limettensaft
3–4 Stängel Koriandergrün (nach Belieben)

1 Die Riesengarnelen schälen und längs halbieren (dabei die Darmfäden entfernen), das Garnelenfleisch waschen und trocken tupfen. Die Ananasscheiben schälen, vom Strunk befreien und in kleine Würfel schneiden. Die Paprikahälfte putzen, waschen und in feine Streifen schneiden.

2 Zuckerschoten waschen, die Enden abknipsen, dabei evtl. Fäden entfernen, und die Schoten schräg halbieren. Frühlingszwiebeln putzen, waschen und – weiße und grüne Teile getrennt – fein schneiden.

3 Die Kokosmilch (vor dem Öffnen kräftig schütteln) und Currypaste in einen Topf geben und aufkochen lassen. Limettenblätter waschen und hinzufügen. Alles 3–4 Min. sprudelnd kochen lassen.

4 Das Weiße der Frühlingszwiebeln, Paprikastreifen, Zuckerschoten und Ananas hinzufügen, mit Sojasauce und Zucker würzen. Aufkochen und 2 Min. weiterkochen lassen.

5 Die Garnelen unterrühren und bei schwacher Hitze 3 Min. zugedeckt ziehen lassen. Mit Limettensaft (Rest siehe S. 10) abschmecken.

6 Den Koriander (falls verwendet) waschen und trocken schütteln, die Blätter abzupfen, grob hacken und zusammen mit dem Frühlingszwiebelgrün über das Curry streuen. Die Limettenblätter vor dem Essen entfernen. Als Beilage zum Garnelencurry schmecken **Basmatireis 98** oder thailändischer Duftreis (Zubereitung wie Basmatireis).

Aufbewahrungstipps

*Tipps zur Aufbewahrung von **Ananas, Frühlingszwiebeln** und **Koriandergrün** finden Sie auf S. 28; zum Lagern von **Paprikaschoten** auf S. 26 und von **roter Currypaste** auf S. 57. Mit restlichen **Zuckerschoten** können Sie z. B. in der **Asia-Suppe mit Tofu 54** oder im **Tofucurry 73** anderes Gemüse ersetzen. Restliche **Kokosmilch** hält sich in einem sauberen Schraubglas im Kühlschrank ca. 1 Woche. Wenn Sie sie in einer Gefriertüte einfrieren, können Sie sie ca. 3 Monate aufbewahren. **Kaffirlimettenblätter** verleihen Thai-Gerichten ein zitrusfrisches Aroma. Sie bekommen sie im Asienladen; übrige Blätter können Sie einfrieren. Sie halten 3 Monate.*

Variante

*Für **Fischcurry** ersetzen Sie die Riesengarnelen durch 150–200 g groß gewürfeltes Fischfilet (z. B. Seelachs oder Kabeljau; frisch oder TK und aufgetaut). Statt Ananas, Paprika und Zuckerschoten verwenden Sie 1 Möhre und 1 kleinen Zucchino (beides in dünne Scheiben geschnitten) sowie 1 Handvoll Brokkoliröschen (TK und aufgetaut; frische vorher ca. 2 Min. in Salzwasser blanchiert).*

Weitere Rezepte mit Kokosmilch:
Tomaten-Kokos-Suppe **46**
Kokos-Fischsuppe **57**
Brasilianischer Fischtopf **58**

Weitere Rezepte mit TK-Riesengarnelen:
Brasilianischer Fischtopf **58**
Lachs-Garnelen-Spieße **112**

Weitere Rezepte mit Ananas:
Tomatenschnitzel mit Ananas **118**
Ananas mit Mandeln **150**

sanft gedämpft

LACHS MIT KOHLRABI

25 Min. Zubereitung · im Bild oben
ca. 525 kcal, 29 g EW, 22 g F, 36 g KH

1 Kohlrabi
1 Möhre
2 Kartoffeln (ca. 100 g, siehe Tipp S. 52)
Salz · Pfeffer
2 EL Olivenöl
125 g TK-Lachsfilet (aufgetaut)
Topf mit Dämpfeinsatz

1 Den Kohlrabi schälen, vierteln und in mundgerechte Scheiben schneiden; zartes, frisches Grün waschen und fein schneiden. Die Möhre schälen und in Scheiben schneiden. Die Kartoffeln schälen und ebenfalls in Scheiben schneiden.

2 4 cm hoch Wasser in den Topf füllen und den Dämpfeinsatz einsetzen. Kohlrabi, Möhre, Kartoffel und Kohlrabigrün gemischt einlegen und mit Salz und Pfeffer würzen. Das Olivenöl darüberträufeln. Zugedeckt aufkochen lassen und das Gemüse ca. 7 Min. dämpfen.

3 Inzwischen das Fischfilet kalt abspülen, mit Küchenpapier trocken tupfen, salzen und pfeffern. Auf das Gemüse setzen und – je nach Dicke des Filets – 5–7 Min. mitdämpfen.

4 Das Fischfilet und das Gemüse auf einen Teller geben. 3–4 EL Sud aus dem Topf darüberträufeln.

Variante
Fein schmeckt auch eine Gemüsemischung aus Möhre, Lauch und Petersilienwurzel (alles in feine Scheiben schneiden, ca. 6 Min. vordämpfen), auf die Sie für weitere 4 Min. 2–3 zarte **Schollenfilets** *(frisch oder TK und aufgetaut) legen.*

Weitere Rezepte mit Lachsfilet:
Lachslasagne **92**
Lachs auf Blattspinat **108**
Lachs-Garnelen-Spieße **112**

gästefein

LACHS-GARNELEN-SPIESSE

25 Min. Zubereitung · im Bild unten
ca. 410 kcal, 31 g EW, 17 g F, 17 g KH

125 g TK-Lachsfilet (aufgetaut)
4 TK-Riesengarnelen (ca. 100 g, aufgetaut)
1 kleine Knoblauchzehe (siehe S. 11)
1/2 große rote Chilischote (siehe S. 11)
1 Stängel frische Minze (wahlweise Petersilie)
1 EL neutrales Öl
2 lange Holzspieße (20 cm)
etwas Öl für die Spieße

1 Das Lachsfilet kalt abspülen, trocken tupfen und in sechs gleich große Würfel schneiden.

2 Die Garnelen schälen, am Rücken einritzen und die Darmfäden entfernen. Das Garnelenfleisch waschen und mit Küchenpapier trocken tupfen. Die Spieße einölen und je drei Lachswürfel und zwei Garnelen abwechselnd daraufstecken.

3 Die Knoblauchzehe schälen und fein hacken. Die halbe Chilischote waschen, entkernen und fein schneiden. Die Minze waschen und trocken schütteln, die Blätter abzupfen und fein schneiden (den Rest des Bunds in feuchtes Küchenpapier gewickelt im Gemüsefach des Kühlschranks aufbewahren und z. B. für **Gegrillte Zucchini mit Minzpesto 66** verwenden).

4 Das Öl in einer großen Pfanne erhitzen und die Spieße darin 2 Min. bei mittlerer Hitze anbraten. Wenden, mit Knoblauch und Chili bestreuen und 2 Min. weiterbraten. Mit der Minze bestreuen. Dazu schmecken Baguette und ein bunter Salat.

Weitere Rezepte mit Riesengarnelen:
Garnelensandwich **40**
Brasilianischer Fischtopf **58**
Garnelencurry mit Ananas **110**

Weitere Rezepte mit TK-Lachs:
Lachslasagne **92**
Lachs auf Blattspinat **108**

1   2

einfach, aber effektvoll

LACHSFORELLE IN DER FOLIE

20 Min. Zubereitung · 25 Min. Garen
ca. 355 kcal, 36 g EW, 17 g F, 13 g KH

1 Stange Lauch
1 Möhre und 1 Petersilienwurzel
   (je ca. 100 g)
1 kleine Lachsforelle (ca. 350 g)
Salz · Pfeffer
2 Stängel Petersilie
1 TL Butter
6 EL Weißwein (oder Gemüsebrühe)
ca. 50 cm Bratschlauch

1 Den Backofen auf 180° vorheizen, ein Backblech bereitlegen. Den Lauch putzen, gründlich waschen und in breite Ringe schneiden. Die Möhre schälen und in Scheiben schneiden. Die Petersilienwurzel schälen, längs halbieren und in Scheiben schneiden.

2 Ein Stück Bratschlauch abschneiden (ca. 15 cm länger als der Fisch). Das Gemüse mischen und in dem Bratschlauch verteilen (**Bild 1**).

3 Den Fisch außen und innen gründlich waschen und trocken tupfen. Innen und außen mit Salz und Pfeffer würzen. Die Petersilie waschen und trocken schütteln, die Blätter abzupfen und für später beiseitelegen. Die Stängel in Stücke schneiden und zusammen mit der Butter in den Fischbauch geben.

4 Die Forelle auf das Gemüse legen. Den Bratschlauch an einer Seite nach Herstelleranweisung zubinden. Den Wein angießen und das Päckchen auf der anderen Seite zubinden (**Bild 2**).

5 Das Päckchen schräg aufs Blech legen, in den heißen Backofen schieben (Mitte, Umluft 160°) und den Fisch ca. 25 Min. garen. Dabei bläht sich die Folie auf, Fisch und Gemüse garen sanft im Dampf, der sich im Bratschlauch bildet.

6 Überprüfen Sie, ob der Fisch gar ist, indem Sie durch die Folie hindurch an der Rückenflosse ziehen. Lässt sie sich ganz leicht herausziehen, ist die Forelle fertig. Die Folie aufschneiden (**Bild 3**; Vorsicht, der Dampf ist heiß!) und den Fisch mit einem Pfannenwender auf einen Teller heben. Das Gemüse und den Weinsud dazugeben. Die Petersilienblättchen fein schneiden und darüberstreuen. Dazu passen Pellkartoffeln.

3

4

Varianten

*Falls Sie einen **Bachsaibling** bekommen, dann versuchen Sie das Rezept doch einmal mit diesem zarten Edelfisch! Er benötigt ebenfalls ca. 25 Min. im Backofen.*

*Sehr fein ist **Wolfsbarsch in der Folie:** Wählen Sie ein kleines Exemplar von 350–400 g. Achten Sie darauf, dass der Fisch gut geschuppt ist. Ist das nicht der Fall, entfernen Sie die Schuppen selbst: Den Fisch am Schwanz festhalten und die Schuppen unter fließendem Wasser zum Kopf hin mit einem Messerrücken abkratzen. Den Fisch danach waschen und wie beschrieben würzen. Der Wolfsbarsch braucht ca. 30 Min. im Ofen.*

*Statt Möhre, Lauch und Petersilienwurzel schmeckt auch eine Mischung aus **Fenchel und Frühlingszwiebeln** fein: 1 kleine Fenchelknolle waschen, putzen, längs halbieren und in Spalten schneiden. 1 Bund Frühlingszwiebeln putzen, waschen, längs halbieren und in ca. 6 cm lange Stücke schneiden. Den Fisch mit dem Fenchelgrün und 1 EL Olivenöl füllen und als Flüssigkeit 3 EL Noilly Prat (Wermut) und 3 EL Wasser angießen.*

Im eigenen Saft ganz sanft gegart, entfaltet der zarte Edelfisch seinen Geschmack am besten. Das ist Aroma pur!

Weitere Rezepte mit Möhren:

Möhren-Orangen-Suppe **49**
Pichelsteiner **61**
Arabischer Lammtopf **62**
Gemüsepfanne mit Sesamtofu **74**

wandelbar

SPAGHETTI MIT HACK-KLÖSSCHEN

15 Min. Zubereitung · 25 Min. Überbacken
ca. 1070 kcal, 60 g EW, 63 g F, 67 g KH

1 kleine Zwiebel
1 kleine Knoblauchzehe (siehe S. 11)
150 g Hackfleisch (Rind oder gemischt)
Salz · Pfeffer · 1/2 TL getrockneter Oregano
abgeriebene Schale von 1/2 Bio-Zitrone
    (nach Belieben)
80 g Spaghetti
2 EL Olivenöl + 1 TL für die Form
1 Portion Tomatensauce (Rezept S. 88, aufgetaut;
    ersatzweise 1/4 Packung Tomatenpüree
    »Knoblauch«: ca. 90 g)
1/2 Kugel Mozzarella (62 g)
1 EL frisch geriebener Parmesan

1 Die Zwiebel und den Knoblauch schälen und fein hacken. Mit dem Hackfleisch vermengen, kräftig mit Salz, Pfeffer, Oregano und Zitronenschale würzen. Aus der Masse sechs Bällchen formen.

2 Die Nudeln nach Packungsanweisung in Salzwasser bissfest kochen.

3 Inzwischen den Backofen auf 180° vorheizen. 1 EL Olivenöl in einer mittelgroßen Pfanne erhitzen und die Hackbällchen darin von allen Seiten bei mittlerer Hitze 3–4 Min. braten.

4 Eine Auflaufform (14 cm Ø) mit etwas Öl ausstreichen. Die Nudeln durch ein Sieb abgießen, abtropfen lassen und mit Tomatensauce oder Tomatenpüree mischen (der Rest Tomatenpüree hält im Kühlschrank 4–5 Tage; als Saucenbasis für Nudelgerichte aufbrauchen). Die Nudeln zusammen mit den Hackbällchen in die Form füllen.

5 Den Mozzarella in Scheiben schneiden und auf den Nudeln verteilen (Aufbewahrungstipp siehe S. 14). Den Parmesan darüberstreuen und restliches Öl darüberträufeln. Im heißen Backofen (Mitte, Umluft 160°) in ca. 25 Min. goldbraun überbacken.

Aufbewahrungstipp

Hackfleisch ist leicht verderblich und sollte deshalb immer am Einkaufstag verbraucht werden. Sie können es aber gut einfrieren. Wiegen Sie Portionen zwischen 100 und 150 g ab (das sind die Mengen, die Sie für Single-Rezepte brauchen), füllen Sie sie flach in Gefrierbeutel und frieren Sie sie so ein (mit Datum und Gewichtsangabe beschriften – sie halten ca. 3 Monate). Auf diese Weise taut das Hackfleisch bei Bedarf am schnellsten wieder auf. Für **Hackfleischsauce 88** können Sie es auch unaufgetaut gleich in die Pfanne geben.

Varianten

Für **Arabische Köfte** 150 g Rinderhack mit 1 fein gehackten kleinen Zwiebel, 1 fein gehackten Knoblauchzehe, 1/2 TL Harissa (siehe S. 11) und je 1 EL frisch gehackten Petersilien- und Korianderblättern mischen. Mit Salz und 1/2 TL gemahlenem Kreuzkümmel (Cumin) würzen und gut verkneten. Aus der Masse 3 flache Bratlinge formen und bei mittlerer Hitze von jeder Seite 3–4 Min. in neutralem Öl braten. Sie passen z. B. hervorragend zur **Couscouspfanne 75**.

Für **Asiatische Hackbällchen** 1 Stängel Zitronengras (Asienladen) von äußeren harten Blättern befreien und das untere weiche Drittel fein hacken. 1 Knoblauchzehe ebenfalls fein hacken. 1/2 große rote Chilischote (siehe S. 11) waschen, entkernen und ebenfalls fein hacken. Alles unter 100 g gemischtes Hackfleisch kneten und mit 2 EL heller Sojasauce würzen. Aus der Masse sechs Bällchen formen. 300 ml Gemüsebrühe (Instant) aufkochen, die Hackbällchen einlegen und bei schwacher Hitze in 5–6 Min. gar ziehen lassen. Sie schmecken z. B. lecker in der **Asia-Suppe 54** (statt Tofu).

Weitere Rezepte mit Mozzarella:

Caprese-Sandwich **40**
Auberginen-Parmigiana **84**
Putenröllchen **124**

sommerlich frisch

ZITRONENSCHNITZEL

12 Min. Zubereitung · Bild oben
ca. 250 kcal, 31 g EW, 12 g F, 5 g KH

1/2 Bio-Zitrone
3 Zweige frischer Thymian
   (oder 1/3 TL getrockneter)
1 dünnes Kalbsschnitzel (ca. 150 g)
Salz · Pfeffer
1 TL Olivenöl
1 TL eiskalte Butter
Zucker

1 Die Zitronenhälfte heiß abwaschen und trocken reiben, die Schale fein abreiben und den Saft auspressen (restliche Zitrone siehe S. 10). Den Thymian waschen und trocken schütteln, die Blättchen abstreifen und fein hacken.

2 Das Schnitzel trocken tupfen, mit Salz, Pfeffer und Thymian würzen. Das Öl in einer Pfanne erhitzen. Das Schnitzel darin bei mittlerer Hitze von jeder Seite 2 Min. braten. Auf einen vorgewärmten Teller legen. Den Bratensatz mit dem Zitronensaft und 2 EL Wasser ablöschen. Aufkochen lassen und die Zitronenschale unterrühren. Vom Herd nehmen und die eiskalte Butter einrühren. Mit Salz und 1 Prise Zucker abschmecken. Zu diesem Schnitzel schmecken Bandnudeln und Salat.

mit würzigen Zwiebeln

BALSAMICOSCHNITZEL

12 Min. Zubereitung · Bild unten links
ca. 320 kcal, 37 g EW, 12 g F, 15 g KH

1 kleine rote Zwiebel
1 Putenschnitzel (ca. 150 g)
Salz · Pfeffer
2 TL Olivenöl
2 EL Aceto balsamico · 1 TL Honig

1 Die Zwiebel schälen und in feine Ringe schneiden. Das Putenschnitzel kalt abwaschen und trocken tupfen, salzen und pfeffern.

2 In einer Pfanne 1 TL Öl erhitzen, das Schnitzel darin bei mittlerer Hitze von jeder Seite 2 Min. braten. Das Schnitzel herausnehmen und auf einen vorgewärmten Teller legen.

3 Das übrige Öl zum Bratensatz in die Pfanne geben und die Zwiebelringe darin unter Rühren 3 Min. braten. Mit Balsamico ablöschen und den Honig unterrühren. Bei schwacher Hitze 1 Min. köcheln lassen, leicht salzen. Schnitzel auf einen Teller geben, Balsamicozwiebeln darauf verteilen.

fruchtig

TOMATENSCHNITZEL MIT ANANAS

12 Min. Zubereitung · Bild unten rechts
ca. 300 kcal, 34 g EW, 13 g F, 11 g KH

1 Scheibe frische Ananas (ca. 50 g Fruchtfleisch)
1 reife Tomate · 1 Schweineschnitzel (150 g)
2 TL neutrales Öl · Salz
Cayennepfeffer · Zucker

1 Die Ananasscheibe schälen, den Strunk in der Mitte herausschneiden (Rest siehe S. 28). Tomate waschen und klein schneiden, dabei den Stielansatz entfernen. Das Schnitzel trocken tupfen, mit Salz und Cayennepfeffer würzen.

2 1 TL Öl in der Pfanne erhitzen, die Ananasscheibe darin von jeder Seite 1 Min. braten. Dann herausnehmen und warm stellen (oder in Alufolie wickeln). Das übrige Öl in die Pfanne geben. Schnitzel darin von jeder Seite 2 Min. braten, herausnehmen. Die Tomate und 2 EL Wasser in den Bratensatz geben, 2 Min. kochen lassen. Mit Salz, Cayennepfeffer und 1 Prise Zucker würzen. Die Tomatensauce auf einen Teller geben, Schnitzel daraufsetzen, die Ananasscheibe obenauf legen.

Weitere Rezepte mit Ananas:
Hähnchensalat mit Ananas **28**
Gebratener Reis **100**
Garnelencurry mit Ananas **110**

Wie darf das Lieblings-
schnitzel denn heute
sein? Zitronenfrisch,
mediterran-herzhaft
oder exotisch-fruchtig?
Voilà: Mit diesem viel-
seitigen Stück Fleisch ist
alles möglich!

2

Klassiker

WIENER SCHNITZEL MIT KARTOFFELSALAT

45 Min. Zubereitung
ca. 685 kcal, 46 g EW, 30 g F, 56 g KH

FÜR DEN KARTOFFELSALAT:
250 g Kartoffeln (siehe Tipp S. 52)
1/3 Salatgurke · Salz
1 EL Weißweinessig
1 EL neutrales Öl
2 EL Gemüsebrühe (Instant; aufgelöst)
Pfeffer (nach Belieben)

FÜR DAS SCHNITZEL:
1 1/2 EL Mehl
2 EL Semmelbrösel
1 Ei · 1 EL Milch
1 dünnes Kalbsschnitzel (ca. 150 g)
Salz · Pfeffer
Butterschmalz zum Ausbacken

1 Die Kartoffeln waschen, in einen Topf geben, mit Wasser bedecken und in ca. 25 Min. weich kochen. Dann abgießen und lauwarm abkühlen lassen.

2 Die Kartoffeln pellen und in Scheiben schneiden. Die Gurke waschen, putzen, nach Belieben schälen und ebenfalls in dünne Scheiben schneiden. Diese zu den Kartoffelscheiben geben.

3 1 kräftige Prise Salz mit Essig, Öl und Gemüsebrühe verrühren, nach Belieben pfeffern und unter den Kartoffelsalat mischen.

4 Zum Panieren des Schnitzels das Mehl auf einen Teller geben, die Semmelbrösel auf einen zweiten. Das Ei in einem tiefen Teller mit der Milch verquirlen. Das Schnitzel trocken tupfen, zwischen zwei Lagen Frischhaltefolie mit der flachen Seite des Fleischklopfers flach klopfen (**Bild 1**), salzen und pfeffern. Erst im Mehl wenden und den Überschuss abklopfen. Dann durch das Ei ziehen (**Bild 2**) und schließlich in den Semmelbröseln wenden.

5 In einer mittelgroßen Pfanne ca. 1 cm hoch Butterschmalz erhitzen. Das Schnitzel darin von jeder Seite 2–3 Min. schwimmend goldbraun ausbacken (**Bild 3**). Herausheben und auf Küchenpapier kurz abtropfen lassen. Mit dem Kartoffelsalat anrichten.

Außen schön kross und innen schön saftig – die Knusperpanade macht das darin versteckte Schnitzel zum absoluten Lieblingsgericht.

Varianten

Besonders würzig wird die Panade, wenn Sie Pecorino dafür verwenden: Für ein **Pecorino-Kräuter-Schnitzel** 1 EL frisch geriebenen Pecorino und 1 knappen EL fein gehackte mediterrane Kräuter (Rosmarin, Thymian, Salbei) unter die Semmelbrösel mischen (Aufbewahrungstipp für Kräuter siehe S. 10).

Sie mögen es lieber scharf? Für ein knuspriges **Pfefferschnitzel** geben Sie eine Handvoll Cornflakes und 1 TL rosa Pfeffer (Schinus) in einen Gefrierbeutel und zerstoßen beides zu feinen Bröseln. Das Schnitzel (kann auch vom Schwein oder der Pute sein) durch das verschlagene Ei ziehen und in der Pfeffermischung wenden.

- -

Restetipp

Zwei Drittel der **Eimischung** bleiben nach dem Panieren meist übrig. Wer die nicht einfach wegwerfen will, rührt 1 EL Mehl, 2 EL Milch und 1/2 EL gehackte Kräuter unter und bäckt daraus einen kleinen Kräuterpfannkuchen. In Alufolie wickeln und in Streifen (Flädle) geschnitten in den nächsten 2–3 Tagen als Suppeneinlage verwenden.

Weitere Rezepte mit Kartoffeln:

immer wieder neu und gut

GEFÜLLTE SCHNITZEL

20 Min. Zubereitung
ca. 380 kcal, 38 g EW, 19 g F, 13 g KH

FÜR DIE CRANBERRY-ZIEGENKÄSE-FÜLLUNG:
1 EL getrocknete Cranberrys
5 EL roter Portwein (ersatzweise Orangensaft)
30 g Ziegenweichkäse (z. B. Sainte-Maure)

FÜR DAS SCHNITZEL:
1 dünnes Kalbsschnitzel (ca. 150 g)
Salz · Pfeffer
1 EL neutrales Öl
Holzspießchen zum Feststecken

1 Die Cranberrys in einem Schälchen 10 Min. in dem Portwein einweichen. Den Ziegenkäse in Scheiben schneiden (der Rest hält sich im Kühlschrank 4–5 Tage).

2 Das Schnitzel trocken tupfen, flach klopfen und mit Salz und Pfeffer würzen. Die Cranberrys ausdrücken (Wein für die Sauce beiseitestellen) und fein hacken. Mit dem Ziegenkäse auf einer Schnitzelhälfte platzieren, dabei einen ca. 2 cm breiten Rand frei lassen. Die andere Hälfte darüberklappen, mit mehreren Holzspießchen sorgfältig feststecken.

3 Das Öl in einer kleinen Pfanne erhitzen. Das gefüllte Schnitzel darin bei mittlerer Hitze von jeder Seite 3 Min. braten. Herausheben. Den Portwein zum Bratensatz in die Pfanne gießen und 1 Min. bei starker Hitze einkochen lassen.

4 Das Schnitzel wieder in die Pfanne geben und zugedeckt bei schwacher Hitze noch 3–4 Min. in der Sauce ziehen lassen. Dazu schmecken in Butter geschwenkte Bandnudeln.

Weitere Rezepte mit Ziegenkäse:
Ziegenkäsesalat mit Walnüssen **24**
Grüner Spargel **68**
Pfannkuchen mit Radicchio **76**
Tomaten-Zucchini-Gratin **84**

Varianten

Für Schnitzel mit **Mozzarella-Pesto-Füllung**
1 dünnes Kalbschnitzel (ca. 150 g) auf einer Seite salzen und pfeffern, auf der anderen Seite mit 1 EL Basilikumpesto (Rezept S. 13 oder fertig gekauft) bestreichen. 1/4 Kugel Mozzarella (ca. 30 g) in Scheiben schneiden und das Schnitzel damit belegen, zuklappen und feststecken. Im heißen Öl von jeder Seite 3 Min. braten, herausheben. Bratensatz mit 4 EL Weißwein (oder Gemüsebrühe) ablöschen, einkochen lassen. Das Schnitzel darin zugedeckt bei schwacher Hitze noch 3–4 Min. ziehen lassen. (Den Rest Mozzarella in einem Schraubglas mit Wasser bedeckt im Kühlschrank aufbewahren. Sie können ihn in den nächsten 2–3 Tagen z. B. für **Caprese-Sandwich 40** oder **Auberginen-Parmigiana 84** verwenden.)

Für klassisches **Cordon bleu** belegen Sie 1 dünnes Kalbsschnitzel (ca. 150 g) mit 1 kleinen Scheibe gekochtem Schinken (ca. 20 g) und 1/2 Scheibe Schnittkäse (z. B. Emmentaler, ca. 10 g). Mehl, Semmelbrösel und Ei mit Milch wie auf Seite 120 in Schritt 2 beschrieben vorbereiten und das zugeklappte, festgesteckte Schnitzel darin panieren. In einer kleinen Pfanne ca. 1 cm hoch Butterschmalz erhitzen. Das Schnitzel darin bei mittlerer Hitze von beiden Seiten 3–4 Min. ausbacken. Herausheben und auf Küchenpapier abtropfen lassen. Mit 1 EL Preiselbeeren (aus dem Glas) und einem kleinen Salat genießen.

Für **Kokosschnitzel mit Mango** 1 dünnes Putenschnitzel (150 g) flach klopfen und mit Salz und Cayennepfeffer würzen. Mit 1 Stück Fontinakäse (ca. 20 g, wahlweise milder Butterkäse) und 1 EL Mangochutney (Rezept S. 12 oder fertig gekauft) belegen, zusammenklappen, feststecken. Die Hälfte der Semmelbrösel durch Kokosraspel ersetzen und das Schnitzel damit panieren. In einer kleinen Pfanne ca. 1 cm hoch neutrales Öl erhitzen. Das Schnitzel darin bei mittlerer Hitze von jeder Seite 3–4 Min. ausbacken. Herausheben und auf Küchenpapier abtropfen lassen. Dazu schmeckt **Chicorée-Orangen-Salat 23**.

italienisch inspiriert

PUTENRÖLLCHEN

30 Min. Zubereitung
ca. 500 kcal, 47 g EW, 31 g F, 4 g KH

2 dünne Putenschnitzel (je ca. 80 g)
Salz · Pfeffer
1/2 TL getrockneter Thymian
3 getrocknete Tomaten (in Öl eingelegt)
  + 2 EL Tomateneinlegeöl
1/4 Kugel Mozzarella (ca. 30 g)
100 ml Kalbs- oder Geflügelfond (aus dem Glas)
1 gestrichener TL Mehl
Holzspießchen zum Feststecken

1 Die Putenschnitzel kalt abwaschen, trocken tupfen und zwischen zwei Lagen Frischhaltefolie flach klopfen. Auf beiden Seiten mit Salz, Pfeffer und getrocknetem Thymian würzen.

2 Die Tomaten in Streifen, den Mozzarella in dünne Scheiben schneiden (Rest Mozzarella in einem Schraubglas mit Wasser bedecken; hält sich im Kühlschrank 2–3 Tage). Die Putenschnitzel mit Tomaten und Mozzarella belegen, dann aufrollen und mit Holzspießchen zusammenstecken.

3 Das Tomatenöl in einer kleinen Pfanne erhitzen und die Röllchen darin von allen Seiten insgesamt 3–4 Min. anbraten. Den Fond angießen und die Röllchen 10 Min. bei mittlerer Hitze schmoren lassen, dabei gelegentlich wenden (Aufbewahrungstipp für Fonds siehe S. 14 f.).

4 Die Putenröllchen aus der Pfanne nehmen und zugedeckt warm halten. Das Mehl in einer Tasse mit 2 EL kaltem Wasser klümpchenfrei verrühren, gleichmäßig in die Sauce einrühren und diese 2 Min. kochen lassen, bis sie bindet. Mit den Putenröllchen anrichten. Dazu schmecken Bandnudeln oder **Tomaten-Fenchel-Risotto 102.**

- -

Weitere Rezepte mit Mozzarella:

Caprese-Sandwich **40**
Auberginen-Parmigiana **84**
Spaghetti mit Hackklößchen **116**

mit feiner Marsalasauce

SALTIMBOCCA

25 Min. Zubereitung
ca. 335 kcal, 34 g EW, 22 g F, 1 g KH

10 g Butter
1 großes dünnes Kalbsschnitzel (ca. 150 g)
1 Scheibe luftgetrockneter Schinken
  (z. B. Parma oder Serrano, ca. 15 g)
3 Salbeiblätter · Salz · Pfeffer
1 EL Olivenöl · 4 EL Marsala (oder Sherry medium)
Holzspießchen zum Feststecken

1 Butter klein würfeln und ins Tiefkühlfach geben. Schnitzel und Schinken in je drei Stücke schneiden. Salbei waschen und trocken tupfen. Schnitzelchen trocken tupfen, salzen und pfeffern, je 1 Salbeiblatt und 1 Schinkenstück mit Spießchen daraufstecken.

2 Das Öl in einer Pfanne erhitzen, die Schnitzelchen von jeder Seite 2 Min. braten. Herausnehmen und warm halten. Bratensatz mit Marsala ablöschen, 1 Min. einkochen lassen. Eiskalte Butter einrühren, Schnitzelchen wieder in die Pfanne geben und 5 Min. zugedeckt darin ziehen lassen. Dazu passen Bandnudeln oder **Rosmarinkartoffeln 128**.

Aufbewahrungstipp
Übrigen Salbei können Sie einfrieren und z. B. für **Kalbsleber in Salbeibutter 131** *oder* **Kräuterfilet im Blätterteig 126** *nehmen.*

Weitere Rezepte mit luftgetrocknetem Schinken:
Schinkentäschchen mit Tomaten **36**
Gefüllte Hähnchenbrust **134**

Festtagsessen

FILET IM BLÄTTERTEIG

20 Min. Zubereitung · 25 Min. Backen
ca. 640 kcal, 41 g EW, 36 g F, 38 g KH

2 quadratische Scheiben Blätterteig (90 g)
100 g Champignons
1 Schalotte
2 Stängel Petersilie
150 g Schweinefilet (aus der Mitte)
Salz · Pfeffer
1 EL Öl
1 TL Milch
Mehl für die Arbeitsfläche
Backpapier für das Blech

1 Die Blätterteigscheiben nebeneinander auf der Arbeitsfläche auftauen lassen.

2 Die Champignons putzen, trocken abreiben und fein hacken. Die Schalotte schälen und fein hacken. Die Petersilie waschen und trocken schütteln, die Blätter fein schneiden (Rest siehe S. 10).

3 Das Fleisch trocken tupfen und mit Salz und Pfeffer würzen. Das Öl in einer kleinen Pfanne erhitzen. Das Filet darin von allen Seiten (auch an den Enden!) insgesamt 2 Min. anbraten. Dann aus der Pfanne nehmen.

4 Die Schalotte und die gehackten Pilze ins Bratfett geben und unter Rühren 2 Min. braten. Die Petersilie untermischen, das Ganze mit Salz und Pfeffer würzen und lauwarm abkühlen lassen.

5 Den Backofen auf 200° vorheizen (Umluft nicht empfehlenswert). Die Blätterteigscheiben aufeinanderlegen und auf der bemehlten Arbeitsfläche zu einem Rechteck von ca. 18 × 24 cm ausrollen.

6 Die Hälfte der Pilze auf die Mitte des Teigs geben. Das Filet daraufsetzen und mit den übrigen Pilzen umhüllen (geht am besten mit den Händen). Den Blätterteig darüber schließen und die Ränder gut zusammendrücken. Dicke Teigränder abschneiden. Sie können daraus Streifen schneiden und das Päckchen damit dekorieren.

7 Das Blätterteigpäckchen mit der Nahtstelle nach unten auf das mit Backpapier belegte Blech setzen und mit der Milch bepinseln. Im heißen Backofen (Mitte) ca. 25 Min. backen. Herausnehmen und vor dem Anschneiden 5 Min. ruhen lassen. Dazu schmeckt ein bunter Salat.

Varianten

*Für ein aromatisches **Kräuterfilet im Blätterteig** lassen Sie die Pilze weg. Wälzen Sie das angebratene Schweinefilet stattdessen in 2 EL gehackten Kräutern (z. B. Petersilie, Salbei, Thymian, Basilikum, Bärlauch), wickeln Sie es in eine dünne Scheibe Parma- oder Serranoschinken ein und umhüllen Sie es mit dem Blätterteig.*
*Für eine Miniaturausgabe des klassischen **Filet Wellington** nehmen Sie ein 5 cm dickes Rinderfiletsteak, braten es rundherum in 2 Min. an und wickeln es, mit Pilzen umhüllt, in den Blätterteig ein. Vorsicht, lassen Sie es nicht länger als 25 Min. im Backofen, denn das Fleisch soll einen rosigen Kern behalten!*

Zubereitungstipps

*Ein noch intensiveres Pilzaroma bekommt die Füllung durch 1 EL getrocknete **Steinpilze**: Vorher 20 Min. in wenig lauwarmem Wasser einweichen und fein gehackt mit den Champignons anbraten. Wenn Sie für die Vorspeise oder das Dessert ein **Ei** verwenden, dann zweigen Sie 1 TL vom Eigelb ab, mischen Sie es mit der Milch und bestreichen Sie das Blätterteigpäckchen damit. Dadurch bekommt die Oberfläche einen noch hübscheren Glanz.*

Weitere Rezepte mit TK-Blätterteig:

Weitere Rezepte mit Champignons:

gut für Gäste

LAMMRÜCKENFILET AUF RATATOUILLE

45 Min. Zubereitung
ca. 600 kcal, 47 g EW, 38 g F, 17 g KH

FÜR DAS LAMMRÜCKENFILET:
1 kleines Lammrückenfilet (ca. 200 g)
1 kleine Knoblauchzehe (siehe S. 11)
2 TL Olivenöl
1/2 TL getrocknete Kräuter der Provence · Salz

FÜR DIE RATATOUILLE:
1 Stück Aubergine (ca. 100 g) · Salz
1 kleine Zwiebel
1 kleine Knoblauchzehe (siehe S. 11)
1 1/2 Paprikaschoten (rot, gelb, grün gemischt)
1 kleiner Zucchino (ca. 100 g)
1 Strauchtomate
2 EL Olivenöl · Pfeffer
1/2 TL getrocknete Kräuter der Provence

1 Das Lammfleisch trocken tupfen. Den Knoblauch schälen und fein hacken. Mit 1 TL Olivenöl und den Kräutern verrühren, das Fleisch damit einreiben und beiseitestellen.

2 Inzwischen für die Ratatouille die Aubergine in 1 cm große Würfel schneiden, mit Salz bestreuen und ca. 10 Min. Wasser ziehen lassen (der Rest der Aubergine hält sich im Gemüsefach des Kühlschranks 2–3 Tage). Zwiebel schälen und in Spalten schneiden. Den Knoblauch schälen und fein hacken.

3 Die Paprikahälften putzen, waschen und klein schneiden (Rest siehe S. 26). Den Zucchino waschen, putzen, längs halbieren und die Hälften in Halbmonde schneiden. Die Tomate mit kochendem Wasser überbrühen, häuten, entkernen, vom Stielansatz befreien und klein schneiden.

4 Den Backofen auf 150° (Umluft 130°) vorheizen. Auberginen ausdrücken und mit Küchenpapier trocken tupfen. In einer Pfanne in 1 EL Öl bei mittlerer Hitze 3 Min. braten, herausnehmen. 1 weiteren EL Öl in die Pfanne geben, Zwiebel und Knoblauch

darin anbraten. Paprikaschoten und Zucchini dazugeben und 3–4 Min. mitbraten. Auberginen und Tomate untermischen und das Ganze mit Salz, Pfeffer und Kräutern der Provence würzen.

5 Die Ratatouille in eine Auflaufform (14 cm Ø) füllen und für 15 Min. in den heißen Backofen (Mitte) stellen.

6 Die Pfanne auswischen, den übrigen TL Olivenöl darin erhitzen. Lammrückenfilet trocken tupfen, salzen und von jeder Seite 2 Min. braten. In Alufolie wickeln, mit in den Backofen legen und 10 Min. nachgaren lassen. Ratatouille auf einen Teller geben. Lamm in Scheiben schneiden und darauf anrichten. Fleischsaft aus der Folie darüberträufeln.

Varianten

*Als Beilage schmecken – statt der oder zusätzlich zur Ratatouille – auch **Rosmarinkartoffeln**: 200 g Kartoffeln (siehe Tipp S. 52) schälen und in 1 cm große Würfel schneiden. 1 Knoblauchzehe schälen und in Scheiben schneiden. 1 Zweig Rosmarin waschen und trocken schütteln, die Nadeln abzupfen. 1 EL Olivenöl in einer mittelgroßen Pfanne erhitzen. Die Kartoffeln darin 4–5 Min. bei mittlerer Hitze unter häufigem Wenden goldbraun anbraten. Rosmarin und Knoblauch dazugeben, 1 Min. mitbraten. In eine Auflaufform füllen und bei 150° im Ofen (Mitte, Umluft 130°) in 15 Min. fertig garen. Erst vor dem Servieren salzen.*

Weitere Rezepte mit Auberginen:
Auberginencreme **32**
Auberginen mit Joghurtdip **66**
Auberginen-Parmigiana **84**

Weitere Rezepte mit Paprikaschoten:
Thunfischsalat **26**
Peperonata mit Kurkumakartoffeln **79**
Paprika-Mais-Tortilla **80**

Weitere Rezepte mit Zucchini:
Gegrillte Zucchini mit Minzpesto **66**
Zucchini-Walnuss-Pfannkuchen **76**
Tomaten-Zucchini-Gratin **84**

fruchtig-scharf

GESCHNETZELTES MIT MANGO

25 Min. Zubereitung
ca. 406 kcal, 36 g EW, 13 g F, 36 g KH

1 Hähnchenbrustfilet (ca. 150 g, ersatzweise
   Kalbs- oder Putenschnitzel)
1 kleine Knoblauchzehe (siehe S. 11)
1/2 große rote Chilischote (siehe S. 11)
1 TL Honig · 1/2 reife Mango
2 Frühlingszwiebeln
1 EL neutrales Öl · Salz
1 EL Mangochutney (Rezept S. 12
   oder fertig gekauft)

1 Das Fleisch kalt abwaschen, trocken tupfen und
in Streifen schneiden (Rest siehe S. 28). Den Knoblauch schälen; Chili waschen und entkernen. Beides
fein hacken und mit dem Fleisch und dem Honig
vermischen. Das Fruchtfleisch der Mango vom Stein
schneiden, schälen und in kleine Würfel schneiden

(Rest siehe S. 152). Die Frühlingszwiebeln putzen,
waschen und – weiße und grüne Teile getrennt – in
feine Ringe schneiden (Rest siehe S. 10).

2 Das Öl in einer mittelgroßen Pfanne erhitzen.
Das Fleisch und das Weiße der Frühlingszwiebeln
darin 2–3 Min. unter Rühren anbraten, salzen.
Mangochutney und 2 EL Wasser unterrühren und
3 Min. schmoren lassen.

3 Die Mangowürfel mit in die Pfanne geben und
das Ganze 3 Min. zugedeckt bei schwacher Hitze
weiterschmoren lassen. Vor dem Servieren das Frühlingszwiebelgrün untermischen. Dazu schmecken
Bandnudeln oder **Basmatireis 98**.

- -

Weitere Rezepte mit Mango:
Enten-Mango-Sandwich **137**
Kokos-Panna-cotta mit Mango **152**

Weitere Rezepte mit Hähnchenbrustfilet:
Hähnchensalat mit Ananas **28**
Orientalische Hühnersuppe **56**

mit selbst gemachtem Kartoffelpüree

KALBSLEBER
IN SALBEIBUTTER

25 Min. Zubereitung
ca. 465 kcal, 33 g EW, 20 g F, 35 g KH

250 g Kartoffeln (siehe Tipp S. 52)
Salz · 1 Scheibe Kalbsleber (ca. 140 g)
8–10 Salbeiblätter · 1 1/2 EL Butter
Pfeffer · 4–5 EL Milch

1 Die Kartoffeln schälen, würfeln, in einem Topf mit Wasser bedecken, salzen und in ca. 15 Min. weich kochen. Inzwischen die Leber von Häutchen und Sehnen befreien, waschen und trocken tupfen. Die Salbeiblätter waschen und sorgfältig abtrocknen (Rest siehe S. 125).

2 In einer kleinen Pfanne 1 EL Butter schmelzen, die Salbeiblätter darin bei schwacher bis mittlerer Hitze (die Butter soll nicht zu braun werden) in 1 Min. kross braten, dann herausnehmen und auf Küchenpapier abtropfen lassen. Die Leber in die Pfanne geben und von jeder Seite 2–3 Min. braten. Erst zum Schluss salzen und pfeffern.

3 Die Milch erhitzen (am schnellsten in einer Tasse in der Mikrowelle). Kartoffeln abgießen, zerstampfen, übrige Butter und so viel heiße Milch unterrühren, dass ein luftiges Püree entsteht. Mit der Leber auf einem Teller anrichten, Salbei daraufgeben.

Weitere Rezepte mit Kartoffeln:
Kartoffelsuppe **52**
Peperonata mit Kurkumakartoffeln **79**
Kartoffel-Spinat-Gratin **83**

Feines für Sonn- und Feiertage

REHRÜCKENFILET MIT WACHOLDERRAHM

45 Min. Zubereitung
ca. 660 kcal, 43 g EW, 41 g F, 28 g KH

FÜR DAS REHRÜCKENFILET:
150 g Rehrückenfilet
1 Schalotte
1 EL neutrales Öl
Salz · Pfeffer
100 ml Wildfond (aus dem Glas)
5 Wacholderbeeren
1 EL Crème fraîche
2 TL Johannisbeergelee
  (oder Preiselbeeren aus dem Glas)

FÜR DIE BEILAGEN:
3 kleine Kartoffeln (ca. 120 g, siehe Tipp S. 52)
Salz · 1/2 Kopf Brokkoli (ca. 250 g)
2 Stängel Petersilie
4 Walnusskernhälften
Butter · Pfeffer

1 Das Fleisch mit Küchenpapier trocken tupfen und, falls nötig, von Häutchen und Sehnen befreien. Die Schalotte schälen und fein hacken.

2 Für die Beilagen die Kartoffeln schälen und längs vierteln. In einem Topf mit Wasser bedecken, salzen und in ca. 12 Min. weich kochen. Die Brokkoliröschen abschneiden und waschen. In kochendem Salzwasser in ca. 5 Min. bissfest kochen, abgießen und abtropfen lassen.

3 Petersilie waschen und trocken schütteln, die Blätter abzupfen und fein schneiden (Rest siehe S. 10). Die Walnüsse mittelfein hacken (Rest siehe S. 15).

4 Den Backofen auf 175° (Umluft 160°) vorheizen. Das Öl in einer kleinen Pfanne erhitzen. Das Filet salzen und pfeffern und rundherum, auch an den Enden, in 3–4 Min. anbraten. In Alufolie wickeln und für 12–15 Min. im Ofen nachgaren lassen.

5 Die Schalotte im Bratensatz in der Pfanne anbraten, mit dem Wildfond ablöschen und aufkochen lassen. Die Wacholderbeeren zerdrücken und dazugeben, die Crème fraîche einrühren und in 6–8 Min. bei starker Hitze cremig einkochen lassen (Rest siehe S. 14). Wacholderbeeren herausfischen und wegwerfen, Johannisbeergelee oder Preiselbeeren einrühren, mit Salz und Pfeffer würzen.

6 Während die Sauce einkocht, 2 TL Butter für den Brokkoli in einer mittelgroßen Pfanne erhitzen. Walnüsse und Brokkoliröschen dazugeben, durchschwenken, salzen und pfeffern.

7 Das Wasser von den Kartoffeln vollständig abgießen. Die übrige Butter (1 TL) und die gehackte Petersilie dazugeben. Den geschlossenen Topf kräftig rütteln, bis sich die Petersilie gut verteilt hat.

8 Das Rehrückenfilet aus dem Backofen nehmen, aufschneiden und auf einen vorgewärmten Teller geben. Petersilienkartoffeln und Brokkoli mit Walnussbutter dazu anrichten. Den Fleischsaft aus der Alufolie unter die Sauce rühren und diese über das Fleisch geben.

Aufbewahrungstipps
Die übrige Hälfte des **Brokkolis** *hält im Gemüsefach des Kühlschranks ca. 3 Tage. Sie können sie aber auch gleich mitkochen (die Röschen ablösen, den Stiel schälen und würfeln). Sobald der Brokkoli knapp gar ist, am besten in Eiswasser abschrecken, damit er seine schöne Farbe behält. Abkühlen lassen und zugedeckt in den Kühlschrank stellen. In den nächsten 3 Tagen als Beilage zu Fisch- und Fleischgerichten verwenden.*
Den Rest vom **Wildfond** *frieren Sie am besten in 100-ml-Portionen ein und verwenden ihn in den nächsten 3 Monaten für andere Saucen zu Wildgerichten (siehe auch Tipp S. 15).*

Weitere Rezepte mit Brokkoli:
Gebratene Nudeln **94**
Fischcurry **110**

raffiniert

GEFÜLLTE HÄHNCHENBRUST

30 Min. Zubereitung
ca. 345 kcal, 38 g EW, 16 g F, 9 g KH

1 Bio-Orange
1 TL Butter
1 Hähnchenbrustfilet (ca. 150 g)
1 Scheibe luftgetrockneter Schinken
   (z. B. Parma oder Serrano, ca. 15 g)
Salz · Cayennepfeffer
1 EL neutrales Öl
Holzspießchen zum Feststecken

1 Die Orange heiß abwaschen und abtrocknen. Die Hälfte der Schale abreiben und mit der Butter verkneten. Die Orange auspressen. Den Backofen auf 180° (Umluft 160°) vorheizen.

2 Das Hähnchenbrustfilet kalt abwaschen und trocken tupfen. Eine Tasche hineinschneiden.

3 Die Fleischtasche mit der Orangenbutter und der (gefalteten) Schinkenscheibe füllen. Das Filet mit Holzspießchen zustecken und mit Salz und Cayennepfeffer würzen.

4 Das Öl in einer kleinen Pfanne erhitzen, die Hähnchenbrust darin rundherum in 3–4 Min. goldbraun anbraten. In eine Auflaufform (14 cm Ø) legen. Den Bratensatz mit dem Orangensaft ablöschen, aufkochen lassen und darübergießen.

5 Auflaufform in den vorgeheizten Backofen schieben (Mitte) und die Hähnchenbrust 15 Min. garen. Dazu schmecken **Safranrisotto mit Spargel 102** oder einfach Bandnudeln.

- -

Weitere Rezepte mit Hähnchenbrustfilet:
Hähnchensalat mit Ananas **28**
Orientalische Hühnersuppe **56**
Hähnchentopf mit Zucchini **60**
Geschnetzeltes mit Mango **130**

mediterran

ZITRONEN-HÄHNCHENKEULE

10 Min. Zubereitung · 30 Min. Backen
ca. 490 kcal, 31 g EW, 37 g F, 8 g KH

1 Hähnchenkeule (ca. 250 g)
1 Bio-Zitrone · 10 g Butter
Salz · Pfeffer
1 EL neutrales Öl

1 Die Hähnchenkeule am Gelenk in zwei Teile schneiden, kalt abspülen und trocken tupfen. Die Zitrone heiß abwaschen, abtrocknen und halbieren. Von einer Hälfte die Schale abreiben und mit der Butter und 1 Prise Salz verkneten, den Saft auspressen. Die andere Hälfte in Schnitze schneiden.

2 Den Backofen auf 180° vorheizen. Die Hähnchenhaut etwas vom Fleisch lösen, die Zitronenbutter darunterschieben und einmassieren. Die Hähnchenteile von allen Seiten salzen und pfeffern.

3 Die Hähnchenteile im Öl in einer kleinen Pfanne rundherum anbraten, dann zusammen mit den Zitronenschnitzen in eine Auflaufform (14 cm Ø) geben, mit dem Zitronensaft beträufeln. Im Ofen (Mitte, Umluft 160°) 30 Min. garen. Dazu schmecken **Rosmarinkartoffeln 128**.

- -

Aufbewahrungstipp

*Zitronen-Hähnchenkeulen eignen sich prima für Gäste und **schmecken auch kalt,** z. B. beim Picknick oder Sommerfest. Es lohnt sich also, gleich mehrere zuzubereiten. Abgedeckt halten sie sich im Kühlschrank ca. 2 Tage.*

1

2

1 × kochen, 2 × essen

ENTENBRUST
MIT BIRNENGRATIN

55 Min. Zubereitung
ca. 865 kcal, 34 g EW, 56 g F, 54 g KH

FÜR DAS GRATIN:
250 g Kartoffeln (siehe Tipp S. 52)
1 reife Birne
Salz · Pfeffer
frisch geriebene Muskatnuss
100 g Sahne
etwas Butter für die Form

FÜR DIE ENTENBRUST:
1 Entenbrust (ca. 300 g)
Salz · Cayennepfeffer
4 EL roter Portwein
    (ersatzweise Orangensaft)

1 Den Backofen auf 180° vorheizen, eine Auflaufform (14 cm Ø) mit Butter ausstreichen. Die Kartoffeln schälen und in dünne Scheiben schneiden.
Die Birne vierteln und schälen, das Kerngehäuse
entfernen und die Viertel in Spalten schneiden.

2 Die Kartoffelscheiben und Birnenspalten im
Wechsel in die Auflaufform schichten und jede Lage
mit Salz, Pfeffer und Muskat würzen. Die Sahne
gleichmäßig darübergießen (**Bild 1**, Rest siehe
S. 14). In den heißen Ofen schieben (Mitte, Umluft
160°) und in ca. 40 Min. goldbraun backen.

3 30 Min. vor Ende der Garzeit des Gratins die
Entenbrust kalt abwaschen und trocken tupfen.
Die Haut mit einem scharfen Messer rautenförmig
einritzen (**Bild 2**). Die Entenbrust rundherum mit
Salz und Cayennepfeffer würzen. Mit der Hautseite
nach unten in eine kleine Pfanne legen und auf
mittlere Hitze erwärmen. 6–7 Min. braten, bis die
Haut braun und kross ist. Die Entenbrust wenden
und in 7–8 Min. fertig braten. Dann herausnehmen
und zugedeckt 10 Min. ruhen lassen.

4 Inzwischen für die Sauce das Entenfett aus der
Pfanne abgießen und die Pfanne wieder erhitzen.
Den Bratensatz mit Portwein ablöschen und 2 Min.
bei starker Hitze einkochen lassen. Den Teil der
Entenbrust, den Sie nicht gleich essen, abschneiden
(siehe Tipp), den Rest quer in 3 mm dicke Scheiben
(**Bild 3**) schneiden und auf einem vorgewärmten
Teller anrichten. Mit dem Birnengratin und der
Sauce anrichten.

3

4

Resteverwertung de luxe

Für **Traubensalat mit Entenbrust** je 100 g kernlose
Trauben und kleine Kirschtomaten waschen und
halbieren. 1 EL Himbeeressig mit 1/4 TL Dijon-
Senf, je 1 Prise Salz und Pfeffer und 2 EL Walnussöl
verrühren (oder verwenden Sie 3 EL Vinaigrette,
Rezept S. 12). Tomaten und Trauben untermischen
und 5 Min. ziehen lassen. Je 2–3 Blätter grünen
Blattsalat und Radicchio waschen, trocken tupfen
und in Stücke zupfen. Auf einem Salatteller anrichten. Das kalte Stück gebratene Entenbrust in dünne
Scheiben schneiden und darauflegen. Die Tomaten-
Trauben-Mischung darüber verteilen und mit
knusprigem Baguette genießen.

Für ein **Enten-Mango-Sandwich** 1/2 EL weiche
Butter mit 1/2 EL Orangenmarmelade verrühren.
1 Baguettebrötchen aufschneiden, beide Hälften
damit bestreichen. 1 Frühlingszwiebel putzen,
waschen, sehr fein schneiden und auf die untere
Hälfte streuen. Das übrige Stück gebratene Entenbrust in Scheiben schneiden und darauflegen (wer
Haut und Fett nicht mag, schneidet beides vorher
ab). Von einer kleinen reifen Mango an der flachen
Seite eine Hälfte abschneiden, schälen, das Fruchtfleisch in Spalten schneiden und auf der Entenbrust
verteilen (Rest siehe S. 152). Mit der übrigen Bröt-
chenhälfte abdecken.

Mit knuspriger Haut
und rosigem Kern, dazu
ein sahniges Gratin – so
schmeckt Entenbrust
einfach unübertrefflich!

Aufbewahrungstipp

Eine ganze **Entenbrust** ist für eine Portion zu viel.
Schneiden Sie deshalb gleich nach der Ruhezeit ein
Drittel bis die Hälfte ab, wickeln Sie das Stück fest
in Alufolie und legen Sie es in den Kühlschrank
(hält 2–3 Tage).

Süßes

Für eine kleine Nachspeise wäre noch Platz? Dann wählen Sie auf den nächsten Seiten einen cremigen, fruchtig-frischen oder nussigen Abschluss für das Single-Menü. Und wer sich an Süßem mal so richtig satt essen möchte, gönnt sich ein Kirsch-Clafoutis oder einen Apfel-strudel mit Vanillesauce als Hauptspeise – zum Dahin-schmelzen gut!

süßer Klassiker

KARAMELLISIERTER APFELPFANNKUCHEN

20 Min. Zubereitung
ca. 635 kcal, 23 g EW, 28 g F, 66 g KH

4 EL Mehl
2 Eier
1 Päckchen Vanillezucker
Salz · 125 ml Milch
1 säuerlicher Apfel (z. B. Boskop)
2 TL Butterschmalz
1 EL Puderzucker

1 Für den Teig das Mehl in eine Rührschüssel geben. Die Eier, den Vanillezucker und 1 Prise Salz hinzufügen und unterrühren. Die Milch nach und nach hinzugießen und weiterrühren, damit keine Klümpchen entstehen. Den Pfannkuchenteig zugedeckt 10 Min. quellen lassen.

2 Inzwischen den Apfel schälen und vierteln, das Kerngehäuse herausschneiden und die Viertel in dünne Spalten schneiden.

3 In einer Pfanne 1 TL Butterschmalz schmelzen. Die Apfelspalten hineingeben und 1 Min. anbraten. Den Pfannkuchenteig darübergießen und den Pfannkuchen bei mittlerer Hitze ca. 2 Min. backen.

4 Den Pfannkuchen wenden (siehe Tipp), vom Rand her das übrige Butterschmalz dazugeben und den Pfannkuchen weitere 2 Min. backen.

5 Den Puderzucker auf die Oberfläche sieben, den Pfannkuchen noch einmal wenden und 1–2 Min. weiterbacken, bis der Zucker schmilzt und karamellisiert. Vorsicht, der Zucker darf nicht verbrennen! Den Pfannkuchen mit der karamellisierten Seite nach oben auf einen Teller geben.

Zubereitungstipps

*Ideal geeignet zum Pfannkuchenbacken ist eine gute **Eisenpfanne** oder eine beschichtete Pfanne, an der der Teig nicht anklebt.*
*Trauen Sie sich zu, wie ein Profi den Pfannkuchen mit leichtem Schwung nach vorne in die Luft zu **werfen,** ihn so umzudrehen und dann mit der Pfanne wieder aufzufangen? Wenn nicht, lassen Sie ihn einfach auf einen Teller gleiten und wenden ihn damit.*

Variante

*Für einen zünftigen **Apfelschmarrn** den Apfel wie beschrieben schälen und in Spalten schneiden. Wer mag und welche im Vorrat hat, weicht außerdem 1 EL Rosinen in 1 EL Rum oder lauwarmem Wasser ein.*
Die Eier trennen. Die Eiweiße zu Schnee schlagen. Mehl, Eigelbe, Salz, Vanillezucker und Milch wie oben verrühren, den Eischnee unterheben.
Den Backofen auf 180° vorheizen (bei Umluft auch vorheizen, 160°). Eine Pfanne mit ofenfestem Stiel erwärmen, 1 TL Butterschmalz hineingeben und die Apfelspalten darin 2 Min. anbraten, herausnehmen. 1 weiteren TL Butterschmalz in die Pfanne geben, den Teig hineingeben und von jeder Seite 2 Min. backen. Die Pfanne in den Backofen stellen (Mitte) und den Pfannkuchen von jeder Seite in weiteren je 3–4 Min. braun backen. Kurz herausnehmen und mit zwei Gabeln in Stücke rupfen. Apfelspalten und Rosinen untermischen, Puderzucker darübersieben und im Backofen weitere 3–4 Min. backen, bis der Zucker schmilzt und karamellisiert.
*Statt des Apfels können Sie für beide Rezepte auch 1 saftige **Birne** verwenden.*

Weitere Rezepte mit Eiern:

Weitere Rezepte mit Äpfeln:

schmecken nach Kindheit

ARME RITTER

15 Min. Zubereitung
ca. 335 kcal, 12 g EW, 14 g F, 38 g KH

1 altbackenes Brötchen
  (oder 2 Scheiben trockenes Toastbrot)
1 Ei
3 TL Zucker
Salz
5 EL Milch
1/3 TL Zimtpulver
1/2 EL Butterschmalz

1 Das Brötchen in ca. 1 cm dicke Scheiben schneiden. Die Scheiben in eine Schale legen.

2 Das Ei mit 1 TL Zucker und 1 kleinen Prise Salz verschlagen und die Milch unterrühren.

3 Die Ei-Milch-Mischung gleichmäßig über das Brot gießen und 5 Min. durchziehen lassen. Den übrigen Zucker mit dem Zimtpulver vermischen.

4 Das Butterschmalz in einer Pfanne erhitzen. Die Armen Ritter darin von jeder Seite in 2–3 Min. goldbraun und knusprig braten. Herausheben und heiß mit Zimtzucker bestreuen.

Tipp
*Dazu schmeckt **Apfelkompott**: 2 kleine säuerliche Äpfel schälen und in Spalten schneiden. In einem Topf mit 100 ml Wasser und 1 EL Zitronensaft (Rest siehe S. 10) bedecken. 1 kleine Zimtstange hinzufügen. Aufkochen und bei mittlerer Hitze in 5–6 Min. weich kochen. Abgekühlt pürieren oder mit dem Kartoffelstampfer zerdrücken (Zimtstange vorher entfernen), mit Zucker abschmecken.*

Weitere Rezepte mit Eiern:
Eier mit Grüner Sauce **70**
Tortillas **80** und **95**
Pfannkuchen **76** und **140**
Kirsch-Clafoutis **144**

herbsüß

SESAMBANANE

10 Min. Zubereitung
ca. 435 kcal, 7 g EW, 22 g F, 51 g KH

1 Banane
2 EL Sesamsamen
1/2 EL Butterschmalz
1/2 Zitrone
1 Kugel Vanilleeis (nach Belieben)

1 Die Banane schälen und längs und quer teilen, sodass vier Stücke entstehen. In den Sesamsamen wälzen und diese gut andrücken.

2 Das Butterschmalz in einer kleinen Pfanne erhitzen. Bananenstücke darin von beiden Seiten je ca. 2 Min. braten, bis sie goldbraun und knusprig sind.

3 Die Sesambanane auf einen Teller geben und die Zitrone zum Beträufeln dazugeben. (Rest siehe S. 10). Nach Belieben mit Vanilleeis anrichten.

Weitere Rezepte mit Bananen:
Schoko-Bananen-Quark **150**
Bananentrifle im Glas **154**

preiswert

REISAUFLAUF
MIT HIMBEEREN

40 Min. Zubereitung · 20 Min. Backen
im Bild rechts
ca. 625 kcal, 19 g EW, 22 g F, 77 g KH

200 ml Milch
50 g Rundkornreis
1 EL Zucker · Salz
1 Stück Bio-Zitronenschale (nach Belieben)
1 Ei
1 Päckchen Vanillezucker
100 g TK-Himbeeren (oder frische)
1 TL Puderzucker
1 EL Butter für die Form und zum Belegen

1 Die Milch mit dem Reis, 1/2 EL Zucker und
1 kleinen Prise Salz in einem Topf aufkochen.
Nach Belieben 1 Stück Zitronenschale dazugeben;
so bekommt der Milchreis eine frische Note.
Bei schwächster Hitze ca. 25 Min. köcheln lassen,
dabei regelmäßig umrühren. Vom Herd nehmen
und abkühlen lassen.

2 Ofen auf 180° (Umluft 160°) vorheizen. Eine Auflaufform (14 cm Ø) mit wenig Butter ausstreichen.

3 Das Ei trennen, das Eiweiß zu festem Schnee
schlagen. Das Eigelb mit dem übrigen Zucker und
Vanillezucker schaumig schlagen. Den abgekühlten
Milchreis (ohne Zitronenschale) unterrühren,
die unaufgetauten Himbeeren und den Eischnee
unterheben.

4 Die Reismasse in die Form füllen, übrige Butter
in Flöckchen darauf verteilen und den Puderzucker
darübersieben. In den heißen Backofen schieben
(Mitte) und ca. 20 Min. backen, bis die Oberfläche
goldgelb ist.

Weitere Rezepte mit TK-Himbeeren:
Ziegenkäsesalat mit Walnüssen **24**
Errötende Jungfrau **150**
Himbeertrifle im Glas **154**

französisch

KIRSCH-CLAFOUTIS

20 Min. Zubereitung · 20 Min. Backen
im Bild links
ca. 525 kcal, 12 g EW, 29 g F, 52 g KH

100 g Kirschen
1 EL Kirschwasser (nach Belieben)
1 Ei
3 TL Puderzucker
1 Päckchen Vanillezucker
2 EL Crème fraîche
4 EL Milch
2 EL Mehl
etwas Butter für die Form

1 Die Kirschen waschen, entsteinen und nach
Belieben mit dem Kirschwasser beträufeln. Eine
Auflaufform (14 cm Ø) mit Butter ausstreichen.
Den Backofen auf 180° (Umluft 160°) vorheizen.

2 Das Ei in einer Rührschüssel mit 2 TL Puderzucker und dem Vanillezucker schaumig schlagen.
Die Crème fraîche und die Milch unterrühren
(Rest Crème fraîche siehe S. 14). Das Mehl darübersieben und unterheben.

3 Die Kirschen unter den Teig ziehen und alles
in die Form gießen. In den heißen Backofen schieben (Mitte) und in ca. 20 Min. goldbraun backen.
Die Kirsch-Clafoutis aus dem Ofen nehmen und
mit dem übrigen Puderzucker bestäuben.

Tauschtipp
*Das Clafoutis schmeckt auch mit 2–3 in Spalten
geschnittenen **Aprikosen** oder 1 gehäuteten und
in Spalten geschnittenen **Pfirsich**.*

Zubereitungstipp
*Falls Sie diese beiden süßen Hauptmahlzeiten
lieber als **Dessert** zubereiten möchten, verwenden
Sie doch jeweils zwei kleine Tarteletteförmchen.
Die Backzeit reduziert sich dann auf ca. 15 Min.,
und Sie können die Hälfte der Süßspeise im Kühlschrank für den nächsten Tag aufheben.*

ganz einfach

ZIMTSCHNECKEN

10 Min. Zubereitung · 1 Std. Gehen
25 Min. Backen
ca. 365 kcal, 8 g EW, 10 g F, 61 g KH

1 Scheibe TK-Hefeteig (112 g)
1 TL Butterschmalz
1 TL saure Sahne oder Crème fraîche
1 TL Zucker
1/2 TL Zimtpulver
Mehl für die Arbeitsfläche

1 Den Hefeteig auftauen lassen. 1 Min. mit warmen Händen durchkneten und 30 Min. zugedeckt bei Zimmertemperatur gehen lassen.

2 Eine kleine Auflaufform (14 cm Ø) auf der Herdplatte erhitzen und das Butterschmalz darin zerlassen. Teig auf der bemehlten Arbeitsfläche zu einem Quadrat von 18 × 18 cm ausrollen. Mit saurer Sahne oder Crème fraîche bestreichen (Rest siehe S. 14). Zucker und Zimt vermischen und darüberstreuen.

3 Den Teig locker aufrollen und in sechs Röllchen schneiden. Aufrecht mit etwas Abstand in die Form setzen. Zugedeckt noch einmal 30 Min. gehen lassen.

4 Den Backofen auf 200° (Umluft 180°) vorheizen. Die Form in den heißen Ofen stellen (Mitte) und die Zimtschnecken in ca. 25 Min. goldbraun backen. Herausnehmen und 5 Min. abkühlen lassen, dann die Schnecken auf ein Küchengitter stürzen und vollständig abkühlen lassen.

Variante

*Für **Mohnschnecken** bestreichen Sie den Teig mit 1 EL Mohnback (Backzutatenregal im Supermarkt). Mit dem Rest davon können Sie die Quarkfüllung für den **Quarkstrudel 149** abwandeln (3 EL Quark + 2 EL Mohnback, die Beeren weglassen).*

Weitere Rezepte mit TK-Hefeteig:

Flammkuchen **38**
Zwiebelfladen mit Ziegenkäse **38**
Lachstartelette **38**

schnell gemacht

QUARKTÄSCHCHEN

15 Min. Zubereitung · 20 Min. Backen
ca. 655 kcal, 28 g EW, 35 g F, 57 g KH

2 quadratische Scheiben TK-Blätterteig (90 g)
1 Ei (S) · 1 TL Milch · 1 Päckchen Vanillezucker
1 TL Zucker · etwas abgeriebene Bio-Zitronenschale
(nach Belieben) · 2 EL Magerquark (100 g)
1 EL Mandelblättchen
Mehl für die Arbeitsfläche · Backpapier

1 Die Blätterteigscheiben nebeneinander auftauen lassen. Backofen auf 200° vorheizen (Umluft nicht empfehlenswert), Blech mit Backpapier belegen.

2 Das Ei in eine Rührschüssel schlagen. 1/2 TL vom Eigelb abnehmen und in einer Tasse mit der Milch verrühren. Beide Zucker und ggf. Zitronenschale zum übrigen Ei geben. Mit dem Handrührgerät in 3 Min. schaumig aufschlagen. Quark unterheben.

3 Blätterteig auf wenig Mehl auf je ca. 16 × 16 cm ausrollen, jeweils die Hälfte der Quarkmasse in die Mitte geben. Teigspitzen zur Mitte einschlagen und spitz zudrehen. Päckchen aufs Blech heben, mit Eigelb-Milch bepinseln, mit Mandelblättchen bestreuen. Im Ofen (Mitte) ca. 20 Min. backen.

Weitere Rezepte mit Quark:

Rosmarinrösti mit Knoblauchquark **78**
Schoko-Bananen-Quark **150**

Weitere Rezepte mit TK-Blätterteig:

Schinkentäschchen mit Tomaten **36**
Filet im Blätterteig **126**

1 2

Liebling aus Österreich

APFELSTRUDEL MIT VANILLESAUCE

30 Min. Zubereitung · 30 Min. Backen
ca. 1015 kcal, 17 g EW, 49 g F, 122 g KH

FÜR DEN APFELSTRUDEL:
3 quadratische Scheiben TK-Blätterteig (135 g)
2 kleine säuerliche Äpfel
1 EL Zitronensaft
1/4 TL Zimtpulver
1 TL Zucker
1 TL Crème fraîche
1 EL Semmelbrösel
1 TL Milch
Mehl für die Arbeitsfläche
Backpapier für das Blech
1 TL Puderzucker zum Bestäuben

FÜR DIE VANILLESAUCE:
1 TL Speisestärke
125 ml Milch
1/2 Vanilleschote
1 EL Zucker
1 Eigelb (1/2 TL davon für den Strudel)

1 Die Blätterteigscheiben nebeneinander auf der Arbeitsfläche auftauen lassen. Den Backofen auf 200° (Umluft nicht empfehlenswert) vorheizen, ein Blech mit Backpapier belegen.

2 Die Äpfel vierteln und schälen, die Kerngehäuse entfernen und die Viertel quer in dünne Scheiben schneiden. Diese in einer Schüssel mit Zitronensaft (Rest siehe S. 10), Zimt und Zucker mischen.

3 Die Blätterteigscheiben aufeinanderlegen und auf der bemehlten Arbeitsfläche zu einem Quadrat von ca. 24 × 24 cm ausrollen. Mit der Crème fraîche bestreichen (Rest siehe S. 14), dabei einen Rand von 3 cm frei lassen. Die Semmelbrösel aufstreuen und die Äpfel in der Mitte längs aufhäufen (**Bild 1**). Den Teig von zwei Seiten über die Füllung schlagen und die Enden gut zusammendrücken (**Bild 2**).

4 Den Apfelstrudel auf das Blech legen (möglichst mit der Naht nach unten). 1/2 TL des Eigelbs für die Vanillesauce mit der Milch verrühren und den Apfelstrudel damit bestreichen (**Bild 3**). Diesen in den heißen Backofen (Mitte) schieben und ca. 30 Min. backen. Dann aus dem Ofen nehmen, mit Puderzucker bestäuben und vor dem Essen 10 Min. ruhen lassen.

3

4

5 Inzwischen für die Vanillesauce die Speisestärke in einer Tasse mit 3 EL Milch verrühren. Die übrige Milch in einem Topf erhitzen. Die Vanilleschote längs aufschneiden, das Mark mit einem scharfen Messer herauskratzen und zur Milch geben.

6 Das übrige Eigelb in einer Schüssel mit dem Zucker verrühren. Die heiße Vanillemilch nach und nach unterrühren. Wieder in den Topf geben und die angerührte Stärke einrühren. Unter ständigem Rühren aufkochen lassen, bis die Vanillesauce andickt. Warm zum Apfelstrudel genießen.

Goldbraun und knusprig eingehüllt, mit saftiger Apfelfüllung – der Strudel ist ein Gedicht!

Variante

*Für einen **Quarkstrudel mit Beeren** bereiten Sie die Quarkmasse für die **Quarktäschchen 147** zu und geben diese statt der Äpfel auf den ausgerollten Blätterteig. 100 g aufgetaute, abgetropfte TK-Beerenmischung daraufgeben und den Strudel aufrollen (den Rest der Beeren für **Beerencreme mit Walnusskrokant 153** verwenden). Wie beschrieben backen und mit Puderzucker bestreut warm oder abgekühlt essen.*

Zubereitungstipp

*Wenn Sie die **Vanillesauce** nicht selber zubereiten möchten, nehmen Sie dänische Vanillesauce aus der Packung (der Rest schmeckt auch in Quark oder Joghurt mit Früchten). In dem Fall pinseln Sie den Strudel einfach nur mit Milch ein. Geben Sie die nicht verwendete halbe Vanilleschote und die ausgekratzte in ein Schraubglas mit Zucker. Innerhalb weniger Tage erhalten Sie so besten **Vanillezucker**.*

Weitere Rezepte mit TK-Blätterteig

superschnell

SCHOKO-BANANEN-QUARK

10 Min. Zubereitung · Bild oben
ca. 390 kcal, 22 g EW, 17 g F, 39 g KH

25 g Bitterschokolade
1 kleine Banane
1 EL Zitronensaft
4 Walnusskernhälften
  (wahlweise andere Nüsse)
125 g Magerquark
1 TL Zucker (nach Belieben)

1 Die Schokolade in einer Tasse auf kleinster Stufe in der Mikrowelle (oder im Wasserbad) schmelzen.

2 Die Banane schälen, in Scheiben schneiden und mit dem Zitronensaft beträufeln (Rest Zitronensaft siehe S. 10). Die Walnüsse grob hacken.

3 Den Quark (Rest siehe S. 14) mit der geschmolzenen Schokolade verrühren und die Bananenscheiben untermengen. Nach Belieben mit Zucker abschmecken. In ein Schälchen füllen und mit den Walnüssen bestreuen.

Weitere Rezepte mit Quark:
Rosmarinrösti mit Knoblauchquark **78**
Quarkstrudel mit Beeren **149**

nicht nur zur Himbeerzeit

ERRÖTENDE JUNGFRAU

12 Min. Zubereitung (ohne Auftauzeit)
Bild unten links
ca. 440 kcal, 8 g EW, 31 g F, 32 g KH

100 g TK-Himbeeren
  (wahlweise frische)
1 Päckchen Vanillezucker
8 EL Sahne (80 g)
150 g Vollmilchjoghurt
1 TL Zucker

1 TK-Himbeeren auftauen lassen, frische Beeren vorsichtig in stehendem Wasser waschen. Mit der Hälfte des Vanillezuckers bestreuen. Durch ein feines Sieb streichen, die Kerne wegwerfen.

2 Die Sahne mit dem übrigen Vanillezucker aufschlagen. Den Joghurt mit dem Zucker glatt rühren und die Vanillesahne unterziehen (Reste Sahne und Joghurt siehe S. 14).

3 Die Joghurt-Sahne in eine Schale füllen und das Himbeermark daraufgießen.

Weitere Rezepte mit TK-Himbeeren:
Reisauflauf mit Himbeeren **144**
Himbeertrifle im Glas **154**

fruchtig-leicht

ANANAS MIT MANDELN

12 Min. Zubereitung · Bild unten rechts
ca. 200 kcal, 4 g EW, 16 g F, 10 g KH

2 Scheiben frische Ananas (ca. 100 g)
2 EL Mandelblättchen
1 TL Butterschmalz

1 Die Ananasscheiben schälen und den Strunk aus der Mitte herausschneiden (der Rest hält sich, mit Frischhaltefolie abgedeckt, 4–5 Tage im Kühlschrank). Die Mandelblättchen auf beide Seiten streuen und so gut wie möglich andrücken.

2 Das Butterschmalz in einer mittelgroßen Pfanne erhitzen. Die Ananasscheiben hineinlegen und die abgefallenen Mandelblättchen dazustreuen. Von jeder Seite 1–2 Min. bei mittlerer Hitze braten, bis die Mandeln goldbraun sind.

Weitere Rezepte mit Ananas:
Hähnchensalat mit Ananas **28**
Garnelencurry mit Ananas **110**
Tomatenschnitzel mit Ananas **118**

Ein süßes Dessert, danach ein schwarzer, bitter-aromatischer Espresso – es braucht nicht viel, um einen ganz normalen Tag in einen Festtag zu verwandeln!

gelingt ganz leicht

KOKOS-PANNA-COTTA MIT MANGO

10 Min. Zubereitung · 4 Std. Kühlen
ca. 475 kcal, 5 g EW, 34 g F, 37 g KH

1 Blatt weiße Gelatine
150 ml Kokosmilch (Dose oder Packung)
1 Päckchen Vanillezucker
1 TL Zucker
1 EL Zitronensaft
1/2 reife Mango
Kokoschips zum Garnieren
   (nach Belieben)

1 Das Gelatineblatt ca. 5 Min. in einem Schüsselchen mit kaltem Wasser einweichen.

2 Inzwischen die Kokosmilch in einen Topf geben (Rest siehe S. 110). Den Vanillezucker, Zucker und Zitronensaft (Rest siehe S. 10) hinzufügen und bei schwacher Hitze erwärmen. Vom Herd nehmen.

3 Die Gelatine ausdrücken, zur Kokosmilch geben und mit dem Schneebesen unterrühren, bis sie sich aufgelöst hat. In eine Schale füllen, abkühlen lassen und 4 Std. kalt stellen.

4 Die Mangohälfte an der flachen Seite vom Stein schneiden, schälen und in Spalten schneiden (den Rest in Frischhaltefolie wickeln; hält sich 3–4 Tage im Kühlschrank).

5 Die Kokos-Panna-cotta nach Belieben stürzen: Dazu mit einem Messer vom Rand lösen und die Form kurz in warmes Wasser tauchen. Vorsichtig auf einen Teller stürzen und mit Mangospalten und Kokoschips (falls verwendet) garnieren.

- -

Weitere Rezepte mit Kokosmilch:

Weitere Rezepte mit Mango:

cremig-knusprig

BEERENCREME MIT WALNUSSKROKANT

15 Min. Zubereitung · 1 Std. Marinieren
ca. 305 kcal, 6 g EW, 17 g F, 31 g KH

100 g TK-Beerenmischung (oder frische Beeren)
1 TL Zucker · 1 EL Cassislikör (nach Belieben)
6 Walnusskernhälften
1 EL Puderzucker · 100 g Joghurt
1 EL Crème fraîche · Backpapier

1 Die Beeren mit Zucker bestreuen und mit dem Likör beträufeln (falls verwendet). In ca. 1 Std. auftauen lassen. (Frische Beeren vorsichtig in stehendem Wasser waschen, abtropfen lassen, mit Zucker und Likör mischen.)

2 Inzwischen ein Stück Backpapier auf die Arbeitsfläche legen. Die Walnüsse hacken (Rest siehe S. 15).

3 Den Puderzucker in eine kleine Pfanne sieben und bei mittlerer Hitze zu goldgelbem Karamell schmelzen lassen. Die Walnüsse dazugeben und unter Rühren goldbraun karamellisieren. Vorsicht, sie dürfen nicht zu dunkel werden, sonst schmecken sie bitter! Die Krokantmasse auf das Backpapier gießen, ausstreichen und abkühlen lassen.

4 Den Joghurt mit der Crème fraîche (Reste siehe S. 14) verrühren und über die Beeren geben. Den Walnusskrokant zerbröseln und darüberstreuen.

- -

Weiteres Rezept mit TK-Beerenmischung:

Quarkstrudel mit Beeren **149**

mit Alkohol

BANANENTRIFLE IM GLAS

10 Min. Zubereitung · 1 Std. Kühlen
ca. 505 kcal, 8 g EW, 14 g F, 79 g KH

1 kleine reife Banane
3 EL Limoncello (Zitronenlikör)
50 g Magerquark
1 EL Crème fraîche
1 TL Zucker
50 g Schoko-Biskuits (Fertigprodukt)
1 EL getrocknete Bananenchips
   (wahlweise 1/4 TL ungesüßtes Kakaopulver)

1 Die Banane schälen, in Scheiben schneiden und mit 1 EL Limoncello beträufeln.

2 Den Quark mit der Crème fraîche und dem Zucker verrühren (Aufbewahrungstipps für die Reste siehe S. 14).

3 Die Hälfte der Schoko-Biskuits in ein Glas von 0,3 l Inhalt bröseln und mit 1 EL Limoncello beträufeln. Jeweils die Hälfte der Bananenscheiben und der Quarkcreme daraufgeben. Die übrigen Biskuits daraufbröseln und mit übrigem Limoncello beträufeln. Restliche Bananenscheiben und Creme einschichten. 1 Std. zugedeckt kalt stellen.

4 Zum Servieren entweder die Bananenchips über das Dessert bröseln (der Rest schmeckt als süße Knabberei oder im Frühstücksmüsli) oder das Kakaopulver durch ein kleines Sieb darüberstäuben.

Tauschtipp

Anstelle der Schoko-Biskuits können Sie übrigen **Schokoladen-** *oder* **Marmorkuchen,** *der gerne schon etwas trocken sein darf, auf diese Weise aufbrauchen. Wenn Sie auf* **Alkohol** *verzichten möchten, ersetzen Sie ihn durch die gleiche Menge leicht gezuckerten Zitronensaft.*

Varianten

Für **Himbeertrifle** *Quark und Crème fraîche mit 1 Päckchen Vanillezucker verrühren. Die Hälfte von 50 g hellen Biskuits (z. B. Madeleines) in ein Glas bröseln, mit 1 EL Sherry medium (ersatzweise Orangensaft) beträufeln. Die Hälfte der Creme und 2 EL (unaufgetaute) TK-Himbeeren einschichten. Wieder Biskuitbrösel mit 1 weiteren EL Sherry tränken und die übrige Creme einfüllen. Die Oberfläche dicht an dicht mit schönen Himbeeren besetzen. Zugedeckt in ca. 1 Std. bei Zimmertemperatur auftauen und durchziehen lassen.*

Für **Orangentrifle** *1 Orange bis ins Fruchtfleisch schälen, sodass auch die weiße Haut entfernt ist. Die Orangenfilets zwischen den Trennhäutchen herausschneiden und den Saft dabei auffangen (ca. 2 EL). Die Hälfte von 50 g hellen Biskuits (z. B. Madeleines) in ein Glas bröseln, die Hälfte der Orangenfilets daraufgeben und mit 1 EL Orangensaft beträufeln. 2 EL Orangen-Joghurt (Fertigprodukt; den Rest zum Frühstück verbrauchen) darübergeben. Übrige Biskuits daraufbröseln, übrige Orangenfilets und übrigen Saft daraufgeben. Mit 2 weiteren EL Orangenjoghurt abdecken und zugedeckt 1 Std. kalt stellen. Vor dem Essen nach Belieben mit dem Sparschäler ein paar Schokoladenspäne auf die Oberfläche hobeln.*

Weitere Rezepte mit Quark:

Weitere Rezepte mit TK-Himbeeren:

Tipp

Die folgenden Rezepte eignen sich besonders gut, um verschiedene Reste aufzubrauchen. Das im Rezept angegebene Gemüse lässt sich jeweils problemlos und nach Vorratslage durch anderes ersetzen.

Die Autorin

Margit Proebst studierte Kunstgeschichte und Philosophie. Daneben betrieb sie über viele Jahre einen kleinen Catering-Service. Seit 1999 arbeitet sie als Kochbuchautorin und Foodstylistin in München. Sie lebt wie viele heutzutage in einer Fernbeziehung. Da sie als Genussmensch auch im Alltag nicht auf gutes, frisch gekochtes Essen verzichten mag, entwickelte sie die Idee für dieses Buch. »Nichts bleibt übrig« war die Devise bei den Rezepten, in denen sich Einfaches mit Raffiniertem abwechselt.

Die Fotografin

Jana Liebenstein hat ihre Leidenschaft für gutes Essen und Trinken und ihren Blick für schöne Motive ganz einfach zum Beruf gemacht: Sie ist Food-Fotografin mit Leib und Seele, mit Herz, mit Sachverstand – und mit dem richtigen Auge. Ihre fotografische Karriere startete sie in Australien, mittlerweile ist sie viel herumgekommen und auch für viele interessante Projekte in Deutschland tätig.

Die Fotos in diesem Buch entstanden in enger Zusammenarbeit mit dem Foodstylisten **Michael Pannewitz** und **Philipp Kresse,** der Foodstyling- und Studio-Assistenz leistete. Ein großes Dankeschön auch an **Natascha Sanwald** für das Besorgen der perfekten Requisiten. Für das Ausleihen derselbigen dankt die Fotografin den Münchner Firmen Bayerischer Kunstgewerbeverein, 1260 Grad, Khmissa, Kustermann, Landpartie Kristina Stöckl, Leute alles aus Holz und Radspieler.

Syndication:
www.jalag-syndication.de

Projektleitung: Alessandra Redies

Lektorat: Sabine Schlimm

Korrektorat: Cora Wetzstein

Satz: Knipping Werbung GmbH, Berg bei Starnberg

Innenlayout, Typografie und Umschlaggestaltung: independent Medien-Design, Horst Moser, München

Herstellung: Petra Roth

Repro: Wahl-Media GmbH, München

Druck: Firmengruppe APPL, aprinta druck, Wemding

Bindung: m.Appl GmbH, Wemding

© 2010 GRÄFE UND UNZER VERLAG GmbH, München.
Alle Rechte vorbehalten. Nachdruck, auch auszugsweise, sowie Verbreitung durch Film, Funk, Fernsehen und Internet, durch fotomechanische Wiedergabe, Tonträger und Datenverarbeitungssysteme jeglicher Art nur mit schriftlicher Genehmigung des Verlags.

ISBN 978-3-8338-1678-9
1. Auflage 2010

Ein Unternehmen der
GANSKE VERLAGSGRUPPE

Unsere Garantie

Alle Informationen in diesem Ratgeber sind sorgfältig und gewissenhaft geprüft. Sollte dennoch einmal ein Fehler enthalten sein, schicken Sie uns das Buch mit einem entsprechenden Hinweis an unseren Leserservice zurück. Wir tauschen Ihnen den GU-Ratgeber gegen einen anderen zum gleichen oder einem ähnlichen Thema um.

Liebe Leserin, lieber Leser,

wir freuen uns, dass Sie sich für ein GU-Buch entschieden haben. Mit Ihrem Kauf setzen Sie auf die Qualität, Kompetenz und Aktualität unserer Ratgeber. Dafür sagen wir Danke! Wir wollen als führender Ratgeberverlag noch besser werden. Daher ist uns Ihre Meinung wichtig. Bitte senden Sie uns Ihre Anregungen, Ihre Kritik oder Ihr Lob zu unseren Büchern. Haben Sie Fragen oder benötigen Sie weiteren Rat zum Thema? Wir freuen uns auf Ihre Nachricht!

Wir sind für Sie da!
Montag–Donnerstag: 8.00–18.00 Uhr;
Freitag: 8.00–16.00 Uhr
Tel.:0180 - 5 00 50 54*
Fax:0180 - 5 01 20 54*
E-Mail:
leserservice@graefe-und-unzer.de

*(0,14 €/Min. aus dem dt. Festnetz/ Mobilfunkpreise können abweichen.)

P.S.: Wollen Sie noch mehr Aktuelles von GU wissen, dann abonnieren Sie doch unseren kostenlosen GU-Online-Newsletter und/oder unsere kostenlosen Kundenmagazine.

GRÄFE UND UNZER VERLAG
Leserservice
Postfach 86 03 13
81630 München